与学生一起成长

90后教师的心路反思

王晗 ◎著

江蘇鳳凰教育出版社
Phoenix Education Publishing, Ltd

图书在版编目（CIP）数据

与学生一起成长：90后教师的心路反思 / 王晗著．——南京：江苏凤凰教育出版社，2016.12

ISBN 978-7-5499-5964-8

Ⅰ．①与…　Ⅱ．①王…　Ⅲ．①小学教育—教学研究

Ⅳ．①G622.0

中国版本图书馆 CIP 数据核字（2016）第 172689 号

书　　名	与学生一起成长——90后教师的心路反思
作　　者	王　晗
责任编辑	雷利军　祁篆萍
出版发行	凤凰出版传媒股份有限公司 江苏凤凰教育出版社（南京市湖南路1号A楼　邮编 210009）
苏教网址	http：//www.1088.com.cn
照　　排	北京世纪鸿文制版技术有限公司
印　　刷	三河市九洲财鑫印刷有限公司
厂　　址	河北省三河市灵山大口
开　　本	787毫米×1092毫米　1/16
印　　张	11.5
字　　数	176千字
版　　次	2016年12月第1版　2016年12月第1次印刷
书　　号	ISBN 978-7-5499-5964-8
定　　价	30.00元
网店地址	http：//jsfhjycbs.tmall.com
邮购电话	025-85406265,85400774　短信　02585420909
E - mail	jsep@vip.163.com
盗版举报	025-83658579

前　言

我出生在一个教师家庭，我的母亲是一名教师。受家庭的影响，我从小就立志要当一名教师。

大三的时候，我利用业余时间和同学一起去北京市石景山区黄庄学校支教。这是一所走读和住宿相结合的全日制学校，设有小学部和初中部。从首都师范大学到黄庄学校有一个多小时的车程，虽然来回奔波很辛苦，但我感觉收获很大。最大的收获就是我真正走上了讲台，体会到了当教师的感觉。从那一刻，我切身感受到当教师真的挺好。

大四的时候，我去北京市第一五九中学实习。这是北京市西城区的一所完全中学。实习期间，我充分感受到了作为一名教育工作者的责任与使命，同时也更加坚定了要做一名教师的信念。

大学毕业后，我进入北京市第十一中学分校工作，圆了我的教师梦，我特别高兴。但我清醒地知道，圆梦不是终点，而是新一轮梦想之旅的起航。我的新一轮梦想之旅将和我的学生一起度过，我会永远忠于理想，挥洒激情。

从正式踏上讲台的那一刻起，我的人生角色就由学生转变为教师，由知识的接受者转变为传授者。这样的转变对我思想上的冲击是巨大的。一入职，我就被通知当班主任，当时的心情是既激动又忐忑：激动的是，新任教师当班主任，这样的机会可不多；忐忑的是，我虽然在大学里学习了不少有关班级管理的知识，但这些知识毕竟只是停留在理论层面上，并未付诸实践，一切都有待自己去探索。

网络上有一种关于“二代”的说法很流行，比如，“官二代”“富二代”

等。如果按照这种说法，我应该属于“师二代”。作为一名90后“师二代”，我愿意把爱当成一种天职，把奉献当成一种习惯。我愿意为我的学生放弃休闲和娱乐，因为我懂得，教师的心里总是盛满催桃育李、化蛹成蝶的欣喜与自豪，而这种欣喜与自豪，是以放飞别人、独享寂寞、抹去功利为土壤的。

在北京市第十一中分校工作的每一天，我过得都非常充实。累了，想放松，我就提醒自己要上紧发条，因为有学生；困了，想睡觉，我就告诉自己要打起精神，因为我是一名教师。我每天早上很早就到学校，晚上回到家里还要写教学反思，写教育随笔，看学生的成长档案，记录我和学生之间的教育故事……

我永远不会忘记第一次走进教室，学生好奇的目光；第一次班会，学生掩饰不住的惊喜；第一次运动会，集体荣誉的收获和满足；第一次考试，自责的泪水和轻声的叮咛……我会把这一切都铭记在心。如果说战场上那瞬间成就的是辉煌，那么，平凡的日子里，这默默的守候和长久的付出，会让人感到一种忠诚的伟力。

还没有走上工作岗位之前，我就听到很多教师说：“现在的老师是越来越难当了。”的确，每一个学生的内心都是一个丰富的世界，这个世界里充满着求知的渴望、自我实现的设想、社会交往的需求、两性关系的迷惘、五花八门的矛盾、突如其来的异想天开……就拿班主任工作来说吧，我在首都师范大学学习的时候，教育界的前辈们谈到带班的技巧与方法，那真可谓“百花齐放，百家争鸣”“八仙过海，各显神通”。就拿我本人来讲，从支教到实习再到正式入职当班主任，我就曾尝试过多种带班方式，如“保姆式”带班、“警察式”带班、“厂卫式”带班、情感带班、制度带班、民主带班等。但经过一段时间的忙碌与反思，我感觉随着社会的发展与教育观念的改变，班主任的工作陷入了困境。

长期以来，家长们有一种普遍的认识，就是学生的所有问题都应该由班主任负责，他们将学生教育的所有责任都归咎于班主任。而一些任课教师也认为，学生的思想品德与纪律问题应由班主任负责，自己不需要也不能插手班级管理和学生管理的事务。于是，班主任的责任越来越多，压力也越来越大，许多班主任都反映自己承受了太多“不能承受之重”。在经受了过重的责任折磨或者见识了其他班主任被过重的压力压迫之后，一部分班主任便不愿意再当班主任了。

其实，班主任工作是有边界的。班主任不需要也不应该管学生所有的事情，因为学生是有自主性的独立个体，他们需要一定的空间来独立地思考与解决问题，更需要一定的空间来容纳自己的秘密与隐私。如果教师对所有的事情都管，那么，学生的自由空间势必受到压缩。就拿我现在的班级来说，绝大多数学生都是来北京打工人员的子女，父母工作和生活的压力都很大，所以这些孩子的家庭教育环境并不是太理想。我的经验是班主任不应该插手学生的某些隐私或家庭事务。当然，学生的家庭事务会影响学生的学习与成长，但是教师的职责仅在于提醒家长，至于家长如何处理自己的家庭事务就不是教师应该管的了。同时，教师应该引导学生正确地看待与处理自己的家庭事务。如果班主任不能把握好自己工作的边界，就一定做不好班主任工作，因为任何没有边界的事务都无法谈及规律。班主任只有认识到自己的工作是有边界的，才能集中精力做好自己应该做的事情。

那么，班主任工作的边界在哪里呢？《中华人民共和国教师法》中有对教师义务的说明，《中小学班主任工作规定》中也有对班主任职责与义务的明确规定。班主任可以通过学习这些法律法规来明确自己的工作边界，如尊重学生的个性特点，就意味着不要期望每个学生的发展都符合自己的预期。当然，由于学生的发展具有整体性与连续性，严格地界定班主任工作的边界十分困难。但是，班主任至少要做到能区分工作中的大小事，进而做到抓大事、放小事。例如，与管理学生相比，教育学生是大事；与完成教学任务相比，提升学生的精神境界是大事。作为一名班主任，还要主动联系与动员家庭、社区以及学校其他同事共同参与对学生的教育与管理，并积极培养学生的自我管理意识等。

教育是什么？什么是教育？从孔子到苏格拉底，从陶行知到苏霍姆林斯基，千百年来，钟情于教育的人们一直都在不懈地进行追问。我认为，教育就是教师与学生共度生命的历程。教育只是一个过程，在这个过程中要让每一个学生得到充分的发展。

教师的工作是伟大的，同时也是琐碎的：学生迟到早退，打架骂人；这个学生得满分，那个学生不及格……虽然这些事看起来微不足道，可是每一件事都有可能成为学生人生的岔路口。处理得好，一个微小的细节都可能成为支撑学生成功的基石，学生脚踏这块基石就可以一步步向前，将来登上自己事业的顶峰；处理得不好，一件小事就可能成为学生学习和生活下滑的斜坡，学生还有可能由此而跌入人生的低谷。所以说，教育是一门科学，而教育的具体运用是一门艺术。

现代社会十分关注教育，领导、家长、学生对教师的期望值很高，希望我们的课堂绚烂又充实、中看又中用，希望我们的教育无可挑剔、无懈可击，希望我们的教育让整个社会都满意。教师尤其是班主任的责任太重大了。就短期来看，它维系着一个家庭的幸福与安宁，涉及社会的安定与团结、和谐与发展；从长远来看，它关系着每一个教育对象的未来，更关系着祖国的未来。学生在未来怎样做人，怎样立身处世，能不能用自己的双手为社会做出应有的贡献，从而创造幸福的生活，在很大程度上取决于他们在青少年时代所受到的教育。所以说，“振兴民族的希望在教育，振兴教育的希望在教师”，因为教师是教育的关键所在。

回顾在北京市第十一中学分校工作的这段时间，我感觉当教师真的挺好。特别是当班主任，听着学生一口一个“王老师”地叫着，我感觉特别亲切、特别满足、特别幸福，但我也深知，自己还有许多亟需提高的地方。“路漫漫其修远兮，吾将上下而求索。”我将继续秉持仁爱之心，不断探索有效的班级管理之道。路虽长，步履也会更加沉重，但我无悔！

王　晗

2016 年 2 月

目 录

第一章

心存感激做教师

感激是发自内心的，不是虚情假意、溜须拍马。心存感激，让我们谦虚，让我们从容，让我们能够尽情地享受成长的喜悦。

——班主任心语

我和校长有个约定

能够有机会遇到贾长林校长，是我一生的幸运。

仍清晰地记得，2015 年 1 月 4 日下午，我来到北京市第十一中学分校应聘试讲，那天我讲的是首师大版思想品德初中二年级上册第 17 课“人言为信”。

试讲结束以后，贾校长对我说：“课上得很好，学校招聘考核领导小组决定录用你。你来了以后好好干，学校需要你这样的年轻教师。这个学校的特点就是青年教师多，我这个当校长的会想方设法为青年教师搭建平台。你这节课讲的就是人的言谈、举止、行为都要讲诚信。我这个校长讲诚信，你也得讲诚信。学校决定录用你，你不能再到别的学校去了啊！说好了定好了的事情不能再变了啊！”

“听您的。”我脱口而出。

贾校长说：“一言为定！就来咱北京市第十一中学分校啊！”

我说：“一言为定！就来咱北京市第十一中学分校！”

回到首都师范大学，我就把在北京市第十一中学分校试讲的经历告诉了同学们，同窗好友们都这样对我说：“你这么早就定啦？教师的招聘才刚开始，接下来你投简历的那几所学校都会和你联系的，你着什么急呀？”

我说：“我和那所学校的校长有个约定。”

接下来的两个星期，就像同学们说的那样，我相继接到了北京市广渠门中学、北京市第一七七中学、北京市朝阳外国语学校等 8 所学校负责教师招聘的老师们打来的电话，他们或者安排我面试，或者安排我试讲，我都一一谢绝了。我在电话中是这样说的："非常感谢贵校给我提供这么好的一个机会，可我已经决定去北京市第十一中学分校了。"电话那头的老师们都不约而同地在电话里问："为什么不再考虑考虑呀？"

我说："我和那所学校的校长有个约定。"

就这样，2015 年 2 月 28 日，新学期开学的第一天，我来到北京市第十一中学分校，成为这所学校的一名代课教师，承担初一年级三个班的思想品德课的教学工作。我当时还在首都师范大学读大四，大四下半学期的主要任务是完成毕业论文及答辩。首都师范大学和北京市第十一中学分校的距离在不堵车的情况下是一个半小时的车程，我每天两点一线，风雨无阻。父母知道后心疼我，不止一次地打电话对我说："顺利完成大学学业是你的职责，其他的事情就不要考虑那么多了。工作的事情好办，每天这么辛苦，何必呢？"我说："工作的事情我已经考虑好了，我决定留在北京市第十一中学分校，因为我和那所学校的校长有个约定。"

我时刻提醒自己：既然和贾校长有了约定，就不能失约。所以，我要加倍努力，因为要成为北京市第十一中学分校中的一员，就要通过北京市东城区教委组织的人事招聘考试。我和贾校长的这个约定成为我工作和生活的一个动力，它推动我顺利通过了各项考试。

2015 年 6 月，我正式入编成为北京市第十一中学分校的一员，我特别高兴，因为我没有失约。当然，贾校长也没有失约，作为校长，他和学校的领导班子成员真的是在想方设法地为我们青年教师搭建平台。

浏览北京市第十一中学分校的网站，在首页上你能看到贾校长的寄语：

衷心祝福我们的每一个学生，希望你们成为爱祖国、爱学校、爱师长、爱社会、明荣耻、有爱心、懂礼貌、懂感恩、守纪律、讲卫生的标兵。让每个孩子在学校期间得到共同的关心、关爱和重视，得到平等的学习进步的机会。

衷心祝福我们的每一位教师，希望你们成为师德优、教学精、能力强、爱学生、善组织、讲方法、爱学习、能包容的楷模。让每位教师在学校得到尊重和发展。

要求我们干部队伍中的每位同人，要站在现代教育发展的高度，成为视野广、理念新、懂管理、会沟通、讲民主、作风正、善合作、能奉献的领头人。用火一般的热情对待工作、对待同事、对待学生、对待社会。感恩家长，感恩社会。

朋友们，如果你们也和我一样，大学毕业之后选择到北京市第十一中学分校来工作，贾校长也许也会和你有个约定。如果那样，我会用一句很时髦的话告诉你：那定是一件极好的事情。不信？你试试！

书记为我指点迷津

大学毕业后走上工作岗位，对于每一个年轻人来说都是一种挑战。从学生变成教师，我当时真的感觉一时半会儿适应不过来。幸运的是，我遇到了一位好书记——胡春柳。

我第一次接触胡书记是在2015年4月7日上午，她和我进行面对面的交流，教给我方法，鼓励我上进，让我感觉如沐春风。

接下来的日子里，胡书记经常抽时间找我谈话。

胡书记曾经这样对我说："教学之余，你要多思考。只有认真思考，才能产生许多新的认识。教育智慧就是长期研究和不断思考的结果。所谓'师者，所以传道、受业、解惑也'，说明教师不仅是知识的传播者、智慧的启发者，更是精神的熏陶者、人格的影响者和道德的体现者。因此，作为一名教师，既要有专业知识，又要有思想、有见识，因为深刻的思想与见识是教师自身的尊严和魅力所在。那么，教师的思想和见识从何而来？从思考中来。'思则得之，不思则不得也。'思考才能透彻明悟，思考才能生疑解惑。"

回味胡书记的话，我感觉自己遇到了一位人生导师。

"作为一名教师，要想把工作做好，就必须努力学习，既要不断提高自己的思想水平和业务能力，也要逐渐形成自己的教育风格。要有终身学习的意识，只有不断充实自己，才能引导学生不断发展。"

"教育是一门科学，需要教师学习、钻研教育理论，掌握青少年成长的规律，掌握教育教学的规律；教育又是一门艺术，需要教师根据不同学生的特点，采取不同的方法，因材施教，在学习和创新中形成自己的教育风格。这样才能成为一名有理论、有思想、有创新、有风格的教师。”

胡书记的这些话时时萦绕在我的耳边，促使我思考，让我对教育、对人生有了更深刻的认识。

胡书记不仅经常找我谈话，还定期走进我的班听我的课，并给予指导。

2005 年 5 月 17 日，胡书记听完我的课后对我说：“作为一名教师，要想把自己的本职工作做好，只有奉献精神是不够的，还必须积极进取，努力提高自身素质。因为丰富的知识底蕴、科学的教育方法是一名教师获得学生尊重和信赖的根本，是搞好教育教学工作的关键。为此，你要加强学习，在读书中充实自己。读书的过程实际就是自我培训、自我完善的过程。在这个过程中，教师的人格能得到升华，性情能得到陶冶，能力也能够得到提升。要想当一名好教师，就必须静下心来，认真地多读一些书，不断更新知识、提升理念，只有这样才能在课堂教学中做到收放自如、游刃有余。”

胡书记说完后还拿出三本书，对我说：“这三本书你拿回去好好读一读，读完之后再找我换。”

我从小就喜欢读书，但真正读教育教学方面的专业书，尤其是关于班主任工作方面的书，还是从胡书记送我的这三本书开始的。读书让我受益匪浅，尤其是对我带班的帮助很大。

下面我就把这段时间读书的感受和体会与大家分享一下。

班主任要多读书，这是班主任工作的需要，是班主任专业化发展的需要，是班主任成就事业的需要。

班主任读书要泛读，要博览群书；班主任读书要精读，要读教育学、心理学、管理学、社会学等与班主任工作密切相关的书。

读书使我们充满智慧、充满激情，鼓舞我们积极地进取、不懈地奋斗，从而拥有丰富、美好的人生。

读书要读与班主任专业有关的经典书籍。读教育经典与读文学经典一样，有着深远的意义。

如果说书籍像大餐，报纸和杂志就像快餐，其传递的信息快速而丰富。所以班主任还要读报纸杂志，特别是要阅读教育类报刊，如与班主任工作有关的“两刊一报”——《班主任》《班主任之友》《德育报》。

班主任工作压力大、时间紧、任务重，怎样解决读书问题呢？我的做法是，“挤”时间、“逼”自己。

这段时间我最大的感受就是，自己再累，也要读书；工作再忙，也要读书；收入再少，也要买书；住处再挤，也要藏书；交情再浅，也要送书。

工作到现在，我感觉自己入门了，无论是对学科教学还是班主任工作，我都有了一定的感悟和体会。同事、朋友还有父母都说我进步很快，长进不少。

感谢胡书记在我迷茫的时候为我指点迷津，我会更加努力！

校本培训使我受益匪浅

我们北京市第十一中学分校的校本培训由教学副校长赵晖负责，内容丰富多彩。

通过校本培训，我懂得了学历不等于能力，才华来自实干；有耕耘才会有收获，有为才能有位；教育无小事，事事皆教育；要脚踏实地，从小事做起，避免眼高手低；要从点滴做起，多用心，多努力，把常规工作做深做透，就一定能做好。为此，我们要加强学习。对于我们教师，尤其是青年教师来讲，学习不仅仅是要学习文化知识，更主要的是要学习作为一名教师应有的态度和经验。

每次校本培训活动都有主题、有案例、有研讨、有反思。一系列的校本培训，开阔了我的视野，解决了我很多认识上的问题，让我对教育教学工作有了更深的感悟。我感觉校本培训很“解渴”、接地气。

参加校本培训，我最大的收获就是学会了进行教学反思。

谈到教学反思，我不由得想起《班主任兵法》的作者万玮老师写的一篇教学反思。在此，与大家一起分享。

我应该庆幸的是，在极度羞耻的情况下，我选择了一条正确的道路，那就是自我分析、自我反思。通常在这种情况下，人很容易怨恨其他人，怨恨周边的环境。我身边就有这样的同事，在带班失败之后，怨领导、怨家长、怨学生、怨同事，唯独不怨自己。多年以后，我涅槃了，回头看他，带班水平几乎没什么提高，几年前不能解决的问题仍然找不到解决的方法，遇到挫折后，埋怨声依旧。

我选择反思可能因为我是一个自负的人。我失败了，但是我不相信我的能力就是如此，我坚信我是一把牛刀，这把牛刀终究要杀鸡如探囊取物。我想，五年复旦读书生活（当中还军训了一年）给我最大的收获可能就在于此，我心高气傲，不服输，不愿承认自己的无能。那段时间，我一直用一个信念支撑自己：我教不好不代表别人也教不好，我今天教不好不代表我明天也教不好！

有将近两年的时间，我的日子在反思中度过。我苦苦思索失败的原因，苦苦思索为什么学生明知我对他们好还要和我作对。我回忆和学生交往的每一个细节，然后再模拟如果从头开始究竟应该怎么做、怎么说。在反思中，我逐渐成熟了。我成了一名心灵丰富的教师，不再只凭着激情和冲动做事，而是学会了冷静，学会了理性。

如今，我努力成为一名这样的理性教育者，我总是在探究教育的可能性，在面对学生的错误时不是暴跳如雷，而是静下心来思考学生这么做的原因，情绪不佳时不是只顾着自己发泄，而是冷静地思考究竟怎样做才是真的对学生有益。

许多像万玮一样优秀的教师之所以做得好，是因为他们通过对教育教学基本问题的不断反思，形成了对教育完整的看法和正确的认识，把握住了规律，实现了自己的成长。

华东师范大学教授叶澜说：“一个教师写一辈子教案难以成为名师，但如果写三年反思则有可能成为名师。”

美国著名教育家杜威明确指出，教师的专业成长离不开对自己教育实践中的经验、信念、知识以及自身优势的反省，当你着手于反省这些问题时，你就已经开始了自己的成长历程。杜威把这种反省称作反省思维，即教师对自己的教育行为、教育结果进行审视和分析，从而改进自己的工作，使其更加趋于合理化，进而能够更好地达到教育目的。反省思维能够指导我们的行动，使之具有预见性，并按照目的去计划行动。换句话说，反省思维使我们单纯的、盲目的行动转变为智慧的行动。

就拿日常工作来说，作为一名教师，我们深谙工作中的艰辛，事无巨细，每天忙得不可开交，而结果往往是事倍功半，有时甚至事与愿违。我们日复一日、年复一年地工作，使得我们面带倦容、心力交瘁、身心疲惫。

我们不禁要问：难道这就是我们所提倡的教师的工作方式和生活状况吗？难道教师只有牺牲了健康、家庭、亲情才能获得社会和大众的认可吗？

不，教育应该是快乐的，作为一名教育工作者，我们在给社会带来快乐的同时也应该给自己和家庭带来快乐。

辛苦不等于敬业。我们只有把自己的时间与精力做出合理而科学的安排，不断更新自己的教育理念，提升自己的教育理论素养，深化对教材的理解与领悟，提高对教育教学的研究能力、对现代教育技术的运用能力，才是更科学、更高层次的敬业。

反思是一种能力，也是一种态度和习惯。通过参加校本培训，结合自己的教学反思，我感觉自己无论在学科教学上还是在班主任工作上都有了很大的进步。

听课与评课让我收获颇多

我们北京市第十一中学分校教务主任张庆忠说："听课与评课不是为了应付学校的常规性检查，不要流于形式。听课与评课是一种教研模式，一定要让这种教研模式充分发挥其作用。"通过听课和评课，我收获颇多，尤其是对启发式教学，我有了更深的认识。

从教学理论的角度而言，启发式教学是教学的指导思想。教育发展史上形成的众多教学方法，从其指导思想来看，不外乎"启发式"和"注入式"两种体系。启发式教学作为教学的指导思想，处于教学方法体系的最高层次，对各种教学方法起着定向、调节、控制等作用。

从教学过程的角度来看，启发式教学是教学的基本原则。虽然教学方法多种多样，但无论采用何种教学方法，都必须遵循启发式教学这一基本要求。

从教学方法的角度来看，启发式教学是指在教学过程中，教师遵循教学规律，从学生实际出发，采用各种灵活而有效的方法和手段，激发学生学习的内在动机，引导学生积极思维，使他们主动获取知识、发展能力、提高素质的教学指导思想、教学原则、教学方法的总称。

教学是一门艺术，课堂是一个舞台。要想让课堂这个舞台充满魅力，教师就必须讲究课堂教学的艺术，要充分调动学生学习的积极性，激发学生学习的兴趣。无论是对教学方式的预设、对课堂情境的营造，还是对学生思维的点拨、对课堂生成的把握等，都离不开教师这位"导演"。因此，我们首先要解决认识上的问题。

没有对话就没有交流，没有交流也就不会发生真正的教学。从某种意义上说，教育就是一种人与人之间的交流。对话能使学生感受到真实，把自己所学的东西与实际相联系，从而对所学知识形成感性的认识，更加明确学习的目的。

平等、民主是课堂教学中展开对话的第一要义，没有平等与民主，师生之间就没有真正的对话。因为对话不仅是语言交谈，而且是师生双方的敞开心扉和彼此接纳。在教学过程中，教师是平等对话中的“首席”，担负着对对话的组织、引导和指导的责任。

师生间有效的对话会有意想不到的收获。一方面，可使学生处于积极、活跃、自由的状态之中。在课堂教学中，让学生独立思考、积极质疑，可使学生在对话中享受被人尊重的快乐，建立自信，产生进一步对话的愿望。另一方面，教师也可以体验一种心灵的自由和丰富。在教学过程中，教师应激活情感这一因素，以情动情，以情换情，促成师生之间的和谐互动。在实施过程中，教师应关注对话的效果，有效的对话能让学生体会到尊重，感到轻松、平等，容易产生良好的教学效果，而无效的对话则可能会引发各种问题。所以，关注对话的效果很重要，如果效果不好，教师就要适时调整对话场合或对话方式，以保证课堂教学的顺利进行。

关注对话的效果主要从学生的情感、态度、价值观三个方面着手。教学过程中，真正的对话是教师与学生之间的和谐互动，追求的是师生之间视界的融洽、精神的相遇、理性的碰撞和情感的交流，它可以丰富学生的精神世界，启发学生的心智，培养学生独立健全的人格。

自我到北京市第十一中学分校工作以来，贾长林校长、胡春柳书记等校领导不止一次听过我的课，我们政治组的王林琪老师和王晓丹老师听我的课的次数更是不计其数，课后他们还不厌其烦地给我说课、评课。

如果说课堂教学是点燃学生智慧的火把，那么，它的火种就是一个个具有挑战性的问题。而要使学生善于提问，教师就要注重日常对学生的持续训练与培养，引导学生学会质疑。在学生根据自己的初读体验提出问题后，教师要及时对问题进行完善，或归纳，或概括，或明确范围，提升学生对问题的质疑能力、归纳能力和思考能力。

以上是我听课和评课的一些收获与体会，我将这些收获与体会融入日常教学之中，使学生们越来越喜欢上我的课。我从刚开始上课时的忐忑不安到现在在课堂上从容自如，这一切都得益于北京市第十一中学分校的领导和同事为我搭建了一个很好的平台。

刚入职就当上了班主任

2015 年 7 月 2 日，学校宣布由我担任初一（6）班的班主任和初一年级六个班的思想品德课教师。

一入职就当班主任，我当时的心情是既激动又忐忑：激动的是，新任教师当班主任，这样的机会可不多；忐忑的是，我虽然在大学里学习了不少有关班级管理的知识，但这些知识毕竟只是停留在理论层面上，并未付诸实践，一切都有待自己去探索。在北京市第十一中学分校工作的这段时间，磨砺让我变得坚韧、执着，自省让我更加体会到教育的意义。

回顾和初一（6）班一同走过的日子，我们的班集体建设大致经历了松散的班级群体—合作的班级群体—和谐的班集体三个发展阶段。

第一阶段：松散的班级群体

这是初一（6）班成立的初始阶段。班里的 20 个学生来自全国 6 个省市，他们彼此不熟悉，大家处在新奇而互相观察的状态，学生之间都是试探着进行交往，班级对学生的吸引力不大；班级还没有奋斗方向，共同的目标和行为规范还没有形成；骨干核心还没有出现，大多数活动都由我这个班主任直接做决策和指挥；虽有学校的纪律、规范要求，但学生无自律性要求，基本处在“他律”阶段；班级的组织、活动、计划等工作依靠的基本上是行政手段。从班级成员间的关系和组织状态来看，整个班级是松散的。

这个阶段，我主要根据学校的要求，结合本班实际，提出明确而又具体可行的班级管理要求和目标，指导学生进行交往，矫正学生的个人行为习惯，建立集体的规范，完善班集体的组织机构（即建立班委会），发展班级同周围环境的关系。

第二阶段：合作的班级群体

在这个阶段，初一（6）班班集体的雏形开始形成。经过前一阶段的共同学习和生活，学生之间开始熟悉，并形成了比较稳定的人际关系，学生在彼此熟悉和了解的基础上形成了一些小团体或小圈子；班级中涌现出一批热心为大家服务、主动承担责任的积极分子，之前由我指定的班干部也开始发挥核心作用，班级管理由班主任全面主持具体工作转变为班主任指导建议下的班干部的具体管理；班级大多数学生对班级的发展形成了比较一致的认识和意见，班级发展目标、班级的规范和规章制度开始建立起来；班级的凝聚力有了一定程度的增强，大多数学生初步产生了集体归属感；但班级的正确舆论氛围还未形成，多数学生遵守纪律的自觉性不强，班级的自我教育功能还未充分发挥。

在这一阶段，我的主要任务是培养班级的组织领导核心，把一批品学兼优、具有一定领导才能、热心班级事务的学生纳入班级的领导机构，根据学生实际和班级需要安排班务工作。指导班干部独立主持一些班级活动，通过班级活动，有目的地逐步把这些班干部培养成班级的骨干力量。引导班干部着手制订较为细致的班级管理行为规范，初步建立班级的约束机制和压力机制。同时我还注意帮助和教育班级中的学困生，做好学困生的工作，以不断增强班级的凝聚力，形成良好的班级氛围。

第三阶段：和谐的班集体

这一阶段，初一（6）班不仅有了自身的奋斗目标，而且这种目标已经被班级全体成员所接受并内化为个人的目标；班级形成了坚强的核心及健全的组织机构，班干部具有独立主持班务工作的能力，他们各司其职，有组织、有计划地开展各项班级工作；绝大多数班级成员关心班级并主动承担班级的工作，有较强的集体荣誉感；健康向上的班级舆论氛围已经形成，班级风气变得民主、团结、融洽，良好的班级文化氛围陶冶和影响着集体中的每一个成员，学生的自律性不断增强。此时的班集体已初步具备自我教育功能，学生不再是一个个被纪律和规则约束的单一个体，而是一个个具有一定自我管理能力、自我完善能力的班集体的一员。

在这一阶段，我这个班主任由一个面面俱到的“保姆”变成了一个高屋建瓴的主导者。我结合学校安排，指导班干部完成班级管理工作并不断调动其工作的积极性，同时细心观察，通过为学生设立成长档案，关注学生个体，了解学生心理，掌握学生动向，促进全体学生身心健康地发展。

什么是班集体?班集体是以学习为主要活动特征的学生群体，学习是群体成员的主要任务，通过学习，群体中的成员向一定的价值方向发展。并不是每一个班级都能被称为班集体，只有那些有明确的奋斗目标、健全的组织机构、严格的制度规范和良好的纪律与舆论氛围的学生群体才是班集体。

班主任通过组织和领导班集体，通过协调任课教师与学生的关系来完成对全班学生的教育教学工作。班级日常管理是班主任工作的一项重要内容，把这项工作做好了，对全班学生的教育教学工作影响极大。

班级日常管理的内容主要包括以下几个方面。

第一，班级教学常规管理。主要包括教育教学秩序、新学期学生座位的安排、自习课、考试纪律、考勤、请假等内容。

第二，班级各项建设。主要包括班干部队伍建设、黑板报小组组织、教室布置等内容。

第三，了解研究学生。主要包括班级日记、作业检查、学生成长档案建设等内容。

第四，学生卫生保健。主要包括卫生习惯培养与检查、学生体检等内容。

第五，班级总结评比。主要包括操行评定、优秀学生评选、班级总结等方面。

第六，假期生活管理。主要包括假期作业布置及检查、学生联络网的组织等方面。

总之，班级日常管理是一项琐碎的工作，同时又是一项艰巨的工作，既是一门科学，又是一门艺术。班级日常管理有客观规律，同时又千变万化。作为班主任，不应满足于按常规办事，而应发挥主观能动性，在工作中不断创新，探索更多的班级日常管理的新办法。

“拜师学艺”使我迅速成长

2015年9月22日，主题为“一杯拜师茶，一句授业语；互帮互助，见证成长”的北京市第十一中学分校青年教师拜师会在学校会议室隆重举行。会议由教学副校长赵晖主持，校长贾长林、德育副校长赵彬、指导教师以及新教师、新班主任共计13人参加了此次拜师会。作为新班主任中的一员，我有幸参加了此次活动。

在北京市第十一中学分校，青年教师拜师活动是一项传统，一代代教师在这项传统之下迅速成长，正是这种代代互帮、代代相传的传统造就了一批批品德高尚、业务精良的优秀教师，成就了学校今天可喜的成绩。学校为青年教师搭建了这样人性化的平台，使青年教师不论在思想上还是在业务上都有师傅的引领，从而迅速成长。相信在师徒的共同努力下，青年教师会不断发展进步，为学校的发展做出贡献。

我有三位师傅：史地政教研组长王林琪是我教学上的师傅；年级组长张少波是我当班主任的师傅；此外，学校还给我请了一位校外的师傅，她就是北京市文汇中学的史琳老师。

在向师傅学习的过程中，我理解了新课程理念下师生定位的新概念。

在新课程理念下，教师是学生学习的促进者、教育教学的研究者、课程的开发者和建设者，也是学生心灵的导师。

在新课程中，教师的角色发生了很大的改变，由传统的知识传授者向学生学习的促进者转变，由学生学习活动的管理者向学生发展的引导者转变，由居高临下的权威地位向“平等中的首席”转变。

新课程改变了过去教科书一统天下的局面。课堂上的知识由三方面组成：教科书及教学参考书提供的知识、教师个人的知识、师生互动产生的新知识。因此，教师不再只是传授教科书中的知识，教师个人的知识也将被激活，师生互动产生的新知识的比重将大大增加，教师长期以来高高在上的“传道、授业、解惑”的地位也发生了相应的变化。尤其是在网络教学被充分运用的今天，教师对知识的垄断局面被打破，而促进、引导学生发展的角色作用将日趋增强。在新课程中，教学过程是师生共同开发课程、丰富课程的过程，是师生互教互学、合作学习、探究学习的过程，是教师帮助学生制订恰当的学习目标、调整和确认达到目标的最佳途径的过程，是教师指导学生养成良好的学习习惯、掌握学习策略、提高学习效率的过程，是创设教学情境、激发学生的学习动机、培养学生的学习兴趣的过程。

新课程在观念上充分体现了“以人为本”素质教育的思想，是把“为了每个学生的发展”“让每一个学生的个性得以充分发展”的价值观视为根本，这是当前十分重要的课程理念，也是课程设计的根本落脚点。教育要培养健康的、全面发展的人，教育方法应遵循人自身的发展规律。学生向往自由，不愿受太多的束缚，而教师却偏偏要以一套一套的“清规戒律”来束缚这些本来活泼好动的孩子们，曾经健康活泼、创造性十足的孩子，在接受了十几年的传统教育之后，变得老气横秋、缺乏创造力，这是否是教育的悲哀？传统教育忽视了对学生个性的关注和培养，因此，我们要对学生的地位重新定位，教学需要约束，但绝不是对心灵自由的束缚。

新课程理念倡导“以生为本”，要求教师在教学过程中要努力为学生营造一个宽松、民主、合作的情境，让学生在民主、和谐、愉快的课堂氛围中积极主动地探索新知识，体会学习的乐趣，享受成功的喜悦。

现代教学观认为，教学的真正含义是教师教学生如何学习。因此，要使学生学会学习，教师必须从课堂教学改革入手，构建能有效地促进学生转变学习方式的教学模式，形成有利于学生发展的教学方式。采用哪些方法来改变教师的教学模式，从而带动学生学习方式的改变呢？我认为，首要的一点，就是在教学过程中，要积极营造合作交流的氛围，让学生在潜移默化中实现学习方式的转变。

作为一名新教师，在短时间内我能够对教育有这样的认识，得益于我的三位师傅的教导。所以，在这里，我要衷心地说一声“谢谢”，我一定会好好工作，决不辜负师傅们的期望。

外出培训让我大开眼界

学校刚宣布我担任初一（6）班班主任的时候，我那股高兴劲儿就甭提了，真的是满怀激情、精神饱满，一心想把工作干好，甚至感觉暑假时间太长了，急切盼着早点开学。

可刚开学两周，我就感觉吃不消了。我每天很早就来到学校，忙到很晚才回到住处，却不知道自己每天都在忙什么。就在我茫然困惑的时候，德育副校长赵彬找到我说："告诉你一个好消息，学校决定让你去参加东城区中小学初任班主任培训班。机会难得，你好好学，学校对你寄予厚望。"

2015年10月13日，东城区中小学初任班主任培训班开班了。班主任是马艳老师，她对我们很好，课程也安排得好。给我们讲课的教师都很有名气，有北京教育学院的张红教授，首都师范大学的蓝维教授，《班主任》杂志社的赵福江老师、李秀萍老师，还有北京教育学院的迟希新老师以及一些教学一线的优秀班主任。讲课的内容都很接地气，让我们感觉很"解渴"。

东城区中小学初任班主任培训班第一讲由北京教育学院的张红教授开讲，她讲的题目是"看班，管班，带班"。她说：

我们与其不断强调爱心的重要，不如以冷静的态度理性分析一下班主任的爱究竟应该有什么特质。我个人认为，情感性仅仅是师爱的表象特征，理智性（尊重）和超越性（宽容）才是师爱的本质特征。班主任的专业态度表现在以下几个方面：（1）教育固然需要浪漫的理想主义精神，但更需要冷静的现实主义态度。(2) 不主张教育万能论，也不附和教育无能论。(3) 对于那些能够改变的事情（如学生成绩、习惯、认识、观念等），不抛弃，不放弃，无论面对多少困难和障碍都不改初衷；对于那些不能改变的事情（如家庭背景以及学生与生俱来的某些缺点），以宽广的胸怀接纳和包容，并以一种透彻的理性划分这二者之间的不同，以一种理性的激情来面对工作中的问题和挑战。

教育是什么？什么是教育？从孔子到苏格拉底，从陶行知到苏霍姆林斯基，千百年来，钟情于教育的人们一直都在不懈地进行追问。

听了张红教授的讲座，我明白了：教育就是在原有基础上进行的完善和提高。教育不是万能的，但没有教育是万万不能的。我们必须要理性、科学地对待教育，在实际工作中，改变我们所能改变的，接纳和包容我们所不能改变的。对此，张红教授还给我们讲了这样一个案例。

李红（化名）是一位小学班主任，她非常委屈地找我倾诉，说自己班里有一个临界智商的学生，因为家长坚持不肯带其去做智力鉴定，只好把他算作正常孩子，但因他成绩太差而影响全班平均分。该教师非常负责和敬业，主动放弃休息时间，常放学后将孩子留下来义务补课。两个月后，家长找到学校，对孩子不能按时回家吃饭表示不满。该教师非常生气，觉得自己一片好心却得不到好报，于是问我应该怎么办。我当时问了她一个问题：“你为什么要给这个孩子补课？”她说：“因为这个孩子成绩差，跟不上。”我接着问：“补课的效果如何？”她说：“不好，几乎看不到进步。”我又问：“效果不好的原因是什么？”她想了想说：“这孩子的智力水平不行。”我就问她：“假设你认为孩子成绩不好的根本原因在于智力，我们就必须回答一个问题：补课是否能够改变智力水平？”她想了想说：“不能。”思索了一会儿后，她告诉我：“老师，我好像明白问题出在哪里了。只要这个孩子每天都有进步，我就应该感到欣慰；只要孩子在其智力水平基础之上有所提高，我就应该感到满足；只要孩子能快乐地成长，我就应该感到成功。”

我们班主任要像过日子一样做教育工作。让学生来到我们班，感觉今年过得比往年好，让他们在我们班上的每一天，感觉今天过得比昨天好，那么，他们就会觉得明天一定会比今天好。学生感觉一天过得比一天好，他们就会感觉有奔头，能看到希望。于是，学生身上的潜能就会被激发出来。

东城区中小学初任班主任培训班每两周举办一次，后来应学员的要求又增加了好几次。与专家面对面地进行交流，让我开阔了眼界，不仅解决了我的思想认识问题，还让我学到了很多新的教育理念和教育方法。

现在的班主任开展工作面临许多新问题，如留守儿童教育问题、离异家庭子女教育问题、疏导“网瘾”问题、安全问题、独生子女不擅长交际问题等，这些问题如果不用新观念去思考、不用新方法去处理，很难解决。

针对专家们所讲的内容，我把家里收藏了几年的《班主任》杂志都找了出来，不再像以前一样囫囵吞枣地看，而是开始逐篇研读。

浙江省诸暨市秀松中学的杨文萍老师在《班主任》杂志上发表了一篇文章，题目是《班主任工作也要讲究“时尚”》。文中写道：

时下老师和家长最头痛的就是学生盲目追求时尚，疯狂崇拜明星，不能踏踏实实地学习！其实换位思考一下，我们像他们这么大时，不也很喜欢追求时尚吗？虽然追求时尚有时难免会出现一些偏激、另类，甚至良莠不分，但我们不能因此全盘否定。要使学生少受不良影响，班主任应该做到了解“时尚”，用“时尚”的方式教育学生。

当今青少年生理、心理变化之迅速是以往任何时代都无法比拟的。信息时代让他们见多识广，让他们求新、求奇、求变的愿望更加强烈。只有富于创新的教育，才能满足他们的心理需求，才能有效地激发他们的好奇心、求知欲、进取心和探究兴趣，也才能产生教育实效。

班主任工作涉及方方面面，每个方面都有创新的用武之地。教育内容要勇于创新——班级活动、主题班会、班主任讲话、班级文化建设……班主任工作形式也要勇于创新——利用博客、构建班级管理网络平台、用QQ和学生聊天、利用社区资源……即使是司空见惯的活动，也要尽量创新，体现时尚，给学生带来惊喜。

时代在进步，知识在更新，教育也要讲究“时尚”。这样，我们的教育生活就会充满阳光。教育不是牺牲，而是享受；教育不是重复，而是创造；教育不是谋生的手段，而是生活的本身。

听专家讲座，我受益匪浅，我对班级管理有了自己的感悟，逐渐形成了自己的带班风格。感谢东城区教委和学校给我提供了这么好的学习机会。

年级组长在关键时刻为我把关

回顾这一阶段的班主任工作，我感觉很顺利，其中很重要的一个原因就是我的工作获得了学生及其家长的认可。而我之所以能够获得大家的认可，主要是因为有她为我把关。

她叫张少波，是我校初一年级的年级组长。她虽然很年轻，但知识渊博，工作经验丰富，对带班有独到的见解。从她身上我不仅学到了很多班级管理的经验，而且学到了很多做人的道理。

2015 年 7 月 4 日是新生入校的日子，也是我和初一（6）班的学生第一次见面的日子。为了这次见面，张少波老师没少操心。她嘱咐我要注意每一个细节，就连我见到学生要讲的话也都一一过问。所以，我在学生面前的第一次亮相就打动了学生的心，获得了他们的认可，以至于我带班之后的各项工作进行得都很顺利。

下面就是我第一次在全班学生面前亮相时所讲的话，与大家一起分享。

同学们：

欢迎大家来到北京市第十一中学分校，走进初一（6）班。我叫王晗，是你们的班主任，也是你们的思想品德老师。从今往后，我们将一起度过初中三年的学习生活，对此，我感到很高兴，也很激动。下面，我们相互认识一下。我先点名，点到谁，谁就站起来，答“到”。答“到”的时候声音要洪亮，坐下的时候动作要轻。（根据学生名单点名，要求学生起立答“到”）

同学们，从今天起，你们就是中学生了。过去的你，成功也好，失败也好，都已经成为过去。刘欢有一首歌，叫《从头再来》，歌词是这样写的："昨天所有的荣誉，已变成遥远的回忆。……再苦再难也要坚强，只为那些期待眼神。"初中阶段，是你们人生中一段新的征程，大家都站在同一起跑线上。所以，从今天起，我们都要坚定一个信念：我相信，我能行！我一定会进步！我一定会优秀！一个班就是一个家。对我们来说，初一（6）班就是我们的家。我们班共有20人，加上我21人，所以，从今天起，我们初一（6）班的每个成员，包括我，都要树立这样一个班级目标：把我们初一（6）班打造成和谐、友爱、上进的班集体！我相信，只要我们团结协作，我们一定能行！

有一句话说得好："一个篱笆三个桩，一个好汉三个帮。"怎么理解这句话？那就是班级目标的实现，需要我们每一个人去努力、去争取、去奋斗。只有人人向前进，集体才会向前进。这就需要我们每一位同学为自己确定一个远大的目标，有了目标，人才会有奋斗的动力。从小学到中学再到大学，我的成长经历告诉我：要实现我们的远大目标，绝不是嘴上说说那么简单，需要我们拿出实际的行动来。

作为你们的班主任，我始终相信"严师出高徒"这句话。所以，在今后的带班过程中，本着对你们负责的态度，我一定会是一位"严师"，希望同学们能够理解老师的良苦用心。

今天，我们初次见面，拿什么见面礼给大家呢？我想了很多天。想来想去，本着对你们负责的原则，我讲四点要求和五条纪律，作为送给你们的见面礼。

首先讲四点要求。

第一，注意自己的外在形象。我说的外在形象不是追求漂亮、帅气，而是要符合一个优秀中学生的标准。具体来说，就是每天要穿校服，严禁奇装异服；严禁男生留长发，染彩色头发；严禁女生佩戴首饰，染指甲，留刘海儿。违反者，通知家长带回家，仪表规范合格后，再返校上课。

第二，注意自己的言行举止，做一个有素质的人。见到老师，不管这位老师教不教你，都要有礼貌地鞠躬问好。上课听讲时，要求同学们坐姿端正，如果老师在讲课，你们就要眼睛盯着黑板、盯着老师，我现在就看看，谁做得好，谁做得符合标准……好，老师讲话时就应该像现在这样，保持下去。

第三，学习上严格要求自己，为自己的将来负责任。自习课上，要求整个教室安静，每个同学自主学习，不讨论问题，不向他人询问，不东张西望，不发出声响，不妨碍别人。各科老师布置的作业，要求同学们保质保量完成。

第四，时刻注意维护班集体形象。尤其是大型集会时，是向学校领导、其他班级、其他年级展示我们风采的时刻，大家一定要集合快速，队伍整齐，坐姿、站姿端正，保持安静。

以上四点要求，关乎我们学习与生活的主要方面，请大家认真做到。接下来我要讲五条纪律。

俗话说得好，“没有规矩，不成方圆”，纪律是学习的保证，纪律面前，人人平等。在此，我提醒大家注意遵守以下五条纪律。

第一，绝对禁止顶撞任课老师。从今往后的每一天，我们要经常跟各位老师接触，每位老师性格不同，讲课的风格也不同，有时难免会与你们产生一些矛盾，但无论如何，无论你们多么有理，无论你们有多大的委屈，都要第一时间告诉我，绝对禁止顶撞任何一位老师，这是一条铁的纪律，任何学生不准违反。有矛盾或委屈，你们可以找我倾诉，我会帮你们解决，但如果你们顶撞老师，那就是不对，是坚决不允许的。

第二，绝对不允许把手机带进教室。违反者，手机一律没收。这也是一条铁的纪律。

第三，严禁迟到。无论是开学报到、周日返校还是上课，都要按时到规定场地。9月6日我们开学，我希望不要有任何一个同学迟到。

第四，严禁乱扔垃圾。学校是我家，卫生靠大家；班级是我家，人人都爱它。请同学们养成良好的卫生习惯，不乱扔垃圾。对那些乱扔垃圾的同学，我们将给予严肃处理。

第五，严格遵守校规校纪、班规班纪、中学生行为规范，人人争做文明的中学生。

同学们，以上我所讲的涉及方方面面，也是我对大家的总体希望与期待，请大家牢记。进入这个班，就要严格要求自己、锻炼自己、规范自己，打造一个非凡的自我！我相信，你们一定能行！

由于有张少波老师为我把关，我不仅获得了学生的认可，而且通过第一次家长座谈会也获得了学生家长的认可。

2015 年 7 月 10 日，学校要开初一新生家长座谈会，这是我和学生家长的第一次见面。以前在学校当学生，都是我的家长到学校参加家长座谈会，现在让我给家长们开座谈会，我一时半会儿还适应不了。但这是我的工作，不仅要做，而且必须要做好。怎么办？关键时候还得找张少波老师。张老师和我谈了很多，她告诉我："没想好的话别说，没想好的事别做，当班主任做事情要稳妥。"听了张老师的话，我感觉心里有点谱了，但还是不踏实。怎么办？我就把要在家长座谈会上和家长讲的话写了一个详稿，拿给张老师看，张老师一一做了修改。经张少波老师修改后，我在家长座谈会上做了这样的讲话：

家长朋友们：

大家好，欢迎来到北京市第十一中学分校，走进初一（6）班。（在黑板上写自己的名字）我是这个班的班主任，也是他们的思想品德课任课教师，我叫王晗。从开始接这个班的那刻起，我就明白：我和学生在一起的时间，会远远超过和家人在一起的时间。我们将朝夕相处、晨昏相伴。

大家把家里最重要的宝贝交给了我，我知道自己身上的担子有多重。学生就是我的亲人，我守着他们，应该说我在守着一个个未来的奇迹。我愿意在他们身上下功夫，因为他们是我命中注定的知音。我愿意和他们一起用功、一起成长、一起拼搏，请各位家长放心！

从我当老师的那天起，我的父母时常这样嘱咐我："当老师的责任重大，可千万别误人子弟呀！"这是我父母的心声，也是普天下所有父母的心声。我们当老师的就应该让普天下所有父母都放心，这是我们的责任！

今天，为了您的孩子，为了我的学生，我们走到了一起。一家人不说两家话，为了孩子们，我们有什么就说什么，不绕弯子。

大家都知道，自从孩子们进入我们学校的那一刻起，他们就是中学生了。对我们来说，孩子们以前无论成功也好，失败也罢，那都已经成为过去。到了初中，孩子们都站在了同一起跑线上。从小学到初中的过渡至关重要，为了帮助孩子完成这个过渡，我会做大量的工作，希望能得到大家的配合。

家长朋友们，为了您的孩子，为了我的学生，我们走到了一起，这是我们的缘分。我有几点建议要送给大家。

第一，要学会交流。这里的交流包括家长和孩子间的交流、家长和老师间的交流，以及家长和家长间的交流。不管是哪一种交流，前提都是要抱着平等和信任的心态。

家长要经常与孩子交流。开学以后，孩子的大部分时间都在学校度过，远离家长的视野，孩子的生活习性可能会有所改变。所以，当孩子回到家的时候，希望您多多给予关注。不能只关心孩子的学习成绩，更应该从生活上多加注意，使其养成良好的习惯。习惯对孩子的成长太重要了，因为良好的习惯是孩子学习和生活的保障。

虽然在应试教育的大背景下，孩子的成绩很重要，但孩子的身体和心理方面的发展也不能忽视。孩子的综合能力不仅仅包括优异的成绩，也包括良好的身体素质、较强的人际交往能力等。我们在关注孩子的成绩的同时，还要了解他们在学校的生活，比如，对新环境的适应程度、在学校交了多少好朋友、与老师相处得如何、身体素质怎么样，等等。这就需要我们家长在和孩子交流的过程中了解孩子在学校的情况，同时要注意让孩子多与外界接触，参加学校、社会实践，积累人际交往的经验，为将来顺利步入社会打下基础。

当然，学生的主要任务还是学习，家长要时刻关注孩子的学习内容和实际进步程度，有些知识您确实可能不会，但孩子更需要的是您的陪伴。如果发现问题，要互相沟通，而不是训斥。切忌一味地训斥，那只能让孩子放弃交流的欲望。我们在座的家长朋友们就是孩子的榜样，他们的很多行为在很大程度上受到家长平时言行的影响，也就是说，孩子的言行举止很多都是跟家长学的，这个时候如果家长和孩子没有及时且适度地交流，那么将来可能会出现很多我们无法想象的问题。可以说，家长和孩子的沟通交流非常重要。

家长和老师的交流也很重要。孩子有相当一部分时间是在学校里度过的，与老师的接触也远远多于家长。在与老师的交流中，家长能更详细地了解孩子在学校的情况，并且也能及时与老师沟通孩子出现的问题，探讨解决的对策。在这个过程中，为了让孩子更好地成长，我非常需要大家的配合。希望在今后的教学中，为了孩子美好的未来，我们共同努力。

同时，家长与家长间的交流也不可少。与别的家长交流可以了解其他孩子的状况，同时还可以相互交流教育孩子的方式和方法，从而不断提高与改进，但在这个过程中，不要拿孩子做比较，不要一回家就跟孩子说："你看看人家的孩子多么好，再看看你……"这是教育的大忌，希望家长朋友们能够认识到这个问题。

第二，要善于倾听。初中阶段对孩子们来说是特殊的成长时期，孩子们在学习、交友、情绪等方面都难免会出现各种问题。针对这些问题，您的倾听至关重要。进入初中这个陌生的环境，加上青春期的影响，孩子会产生很多想法，不管是学习上的压力，还是对新老师、新同学的看法，家长都要耐心听孩子讲述，千万不要因为工作繁忙而对孩子讲的事不屑一顾，这样会让孩子觉得自己不受重视。孩子由于年龄小、阅历不深，有时对人和事的看法难免会有些幼稚及片面，家长不要一味站在成人的角度对孩子讲的事情加以批判或指责，而首先要接纳孩子的想法，和孩子探讨，给孩子创造一个舒适的环境，然后给孩子提供一些恰当的指导。

为此，我为孩子们准备了成长档案，孩子们每天都会在上面写一段内心独白，通过孩子们的内心独白，我会把发现的一些问题及时反馈给你们，希望各位积极配合。

第三，要善于发现并欣赏孩子的优点。好孩子是夸赞出来的，不是批评出来的。在家庭教育中，家长要用放大镜找孩子的优点，开展赏识教育。也就是说，家长要多发现孩子的优点，并及时表扬，从而帮助孩子树立自信。

第四，正确面对孩子的不足。俗话说：金无足赤，人无完人。孩子不完美、有不足，不要紧，其实我们都不完美。作为家长，我们一定要有足够的耐心，同时要正确看待孩子的不足，要看到孩子在原有的基础上提高了多少。面对孩子的不足，家长要做好各方面的沟通，而且只要孩子每天都在努力、每天都在进步，就要及时鼓励，让他们明白这个过程其实就是每天缩短与完美之间的距离的过程。

孩子在成长过程中犯错误是很正常的，家长要对孩子的错误加以区分。如果孩子的错误是学习和心理方面的，而不是品行、道德、人格等方面的，则要允许孩子犯错误，即使是多次犯同样的错误，家长也没有必要慌张。对于孩子的错误，家长正确的对待方式是疏导，而不是惩罚。

第五，建立合理的期望值。每位家长都“望子成龙，望女成凤”，但我们得明白什么是教育。教育不是万能的，但没有教育是万万不能的。教育是在原有基础上的完善与提高，说白了，就是促使孩子不断进步。

那么，如何对孩子建立合理的期望值呢？我们要经常制订几个易于达到的小目标，通过几个小目标的实现，让孩子一步一步提高。

谁都希望自己的孩子能够成为优秀的人，能够成为社会上的顶尖人才。可这是一个复杂且漫长的过程，所以没有必要一味以过高的标准去苛求自己的孩子，我们要尊重孩子的兴趣和愿望，让孩子快乐成长，这样即使自己的孩子不能成为顶尖人才，他的人生也能同样精彩。

第六，家长也要不断学习。时代不同了，传统理念下的教育，是“严师出高徒，棍棒出孝子”，而新课程理念下的教育，是从尊重和赏识开始。您不学习行吗？您不学习，能跟上时代的步伐吗？您不学习，管孩子，孩子能听吗？

当孩子兴致勃勃地谈论某些东西的时候，家长反而一无所知，就会出现与孩子生活脱节的情况。所以，家长要抽出时间了解孩子的生活，学习孩子接触的一些新奇的东西，与孩子共同分享，成为孩子的朋友。其实这还是我刚才讲的一点：家长是孩子最好的榜样。

家长朋友们，为了孩子的前程，我们要心往一块想、劲往一块使，同舟共济，共渡难关！

谢谢各位家长！

第一次家长座谈会开得很成功，家长们感觉很振奋，纷纷表示把孩子送到北京市第十一中学分校是最好的选择。

由于有张少波老师为我把关，我在学生以及学生家长面前都有了完美的亮相，衷心地感谢张少波老师！

教研组长为我坐镇公开课

2015 年 5 月 20 日，我上了一节公开课。那天我讲的是首师大版思想品德初中一年级下册的第 9 课“我会负责”。这是我们学校学科渗透社会主义核心价值观的一节研究课，课后老师们都说我的课上得好。我的这节公开课之所以能够获得成功，主要是因为有她为我坐镇。

她就是我们史地政教研组长，也是我的师傅王林琪老师。为了我，王老师没少操心，对于我讲的这节课，王老师更是没少下功夫。在此，我发自内心地说一声：“王老师，您辛苦了！”

在和王老师一起备课、磨课的过程中，我受益匪浅。可以说，是王老师引领我完成了由一名大学生到一名教师的角色转换，是她告诉我怎么面对教材、怎么面对课堂、怎么面对学生。尤其是关于教学设计，王老师更是手把手、不厌其烦地教我。

什么是教学设计？教学设计就是教师在创造性地思考、深入钻研教材的基础上，根据学生的特点，创造性地设计教学实施方案，为成功教学绘制蓝图的过程。这也是教师发挥创造才能的过程。完整的课堂教学设计包括教学目标和内容的设计、教学起点的设计、教学方法和教学媒体的选用设计、教学评价的设计、课堂教学结构的设计等。

在教学设计的过程中，王老师一再嘱咐我要做到以下几点。

首先，要解读教材、分析教材。解读教材就是要吃透教材，寻找教学的重点和难点，寻找和识别适合学生认知规律的教材因素，并在此基础上选择、组织需要讲授的内容。

解读并分析教材还要注意研究教材的学科学习方法。因为在教学过程中，传授给学生必要的学科学习方法是非常重要的。例如，物理学的研究方法从问题的提出，到假设（猜想），再到提出模型，确定研究对象，通过实验或实例使学生形成表象，再进行抽象概括，形成概念、规律、方法等，有其自身特殊的内在规律，教学设计应当把握和遵循这一规律。

通过解读和分析教材，确定有效的教学目标。课堂教学目标的作用在于"导向—外显""起动—沟通""凝聚—合作"。一个有效的教学目标有助于教学内容的组织、教学材料的选择、教学方法的调适、教学手段的优化，减少教学过程中的盲目性和随意性。

其次，要了解学情、关注学情。学生既是学习的主体，又是自主发展的主体。教师要充分尊重学生的主体性和差异性，根据学生已有水平来设计教学。教师还要全面了解学生心理发展的一般特点，以学生的特点为依据，选择相应的教学方法和教学媒体，安排不同的课堂教学结构，营造适合于学生"内在条件"的"外部环境"；通过测验、谈话等方式来了解学生的知识准备状况，从而确定新的教学起点。总之，课堂教学设计要贴近学生的学习特点、思维特征和能力水平，教师要认真观察、关注学生活动，不断研究怎样才能使学生的学习进入最佳状态。

教师在进行教学设计时要敢于创新，大胆设计；要根据新课改的理论和教学设计理论，对不同的课型进行设计；要勇于打破传统课堂教学的模式，不断探索。教学设计不是写教案，而是以一定的教学思想、教学观念、教学理论为指导，以分析教学需求为基础，以确立解决教学问题的步骤为目的，对教学的系统规划及教学方法的设计。教学设计就是在教学之前做出的如何最有效地向学生传授基础知识、培养学生的基本能力、指导学生学会学习的正确方法、培养学生正确的情感态度价值观，并从一节课中有所收获的整体设计。

对教师来说，进行教学设计的时候，除了要考虑教学目标、教学内容和教学方法的设计外，还要考虑如何在有限的教学时间内使各个教学环节和整个系统能有机、和谐地运作。

教学设计是教师教学最关键的一环，教学设计的成功与否直接决定课堂教学效果的优劣。我能够有这样的感悟和体会，非常感谢我的师傅王老师。如果说这节课我讲得真的好，我认为好就好在这节课不仅让我在教学上入了门，还增加了我上公开课的信心和勇气。这对我这样刚刚入职的教师来说太重要了。2015 年 9 月 21 日，我在北京第一一四中学参加了区级说课活动；一周后的 2015 年 9 月 28 日，我上了一节区级公开课，讲的是首师大版教材初中一年级上册的第 8 课“我是谁”。正是因为有了第一次公开课的锻炼，我才有勇气一次次地走上公开课的讲台。在此，我想对我的师傅王林琪老师说：“王老师，谢谢您！我一定不会辜负您的期望。”

我在学校这个大家庭里健康成长

北京市第十一中学分校就像一个大家庭一样，在我的身边有像妈妈一样的佟主任、赵主任、韩老师、高老师；有像兄长一样的张主任、方主任、曹老师；有像姐姐一样的张老师、冯老师、李老师、郑老师，我就在这样一个大家庭里健康成长。

贾校长常说："咱们学校文化氛围好。"我理解的文化氛围应该和儒学所倡导的内容是一致的。儒学倡导以和为贵，强调统一性，主张协同合作，使有矛盾或差异的各方协调地共处一体，构成充满生机的世界。儒学还主张和而不同，强调求同存异，努力追求让不同个体和群体根据自身条件，充分发挥所长，实现自身的价值。

如果你有机会到我们学校来，你能感觉到，我们学校特别关注环境的和谐。在初三年级教学楼大厅，你会看到"校园环境精美，教学设施精良，干部队伍精悍，教师团队精干，课程设计精当，育人过程精心，学校管理精细，人际关系精诚"八条标语，这是我们学校"精致教育"的八项内涵、八条要求。

如果你有机会到我们学校来，你能感觉到，我们学校特别重视人际的和谐。学校倡导我们每一位教职员工都宽容待人，宽和处事；不仅能欣赏别人的优点，而且能最大限度地容忍别人的缺点。在我们学校，教师们都能心平气和地处理好工作中的各种矛盾，都能心存高远地规划自己专业的发展。

如果你有机会到我们学校来，你能感觉到，我们学校特别注重构建文化的和谐。文化是一片土壤，哪怕一批又一批的人从这里离开，带走的也仅仅是个人的智慧，却带不走学校特有的文化。基于“办精致教育，为学生服务”的办学理念，学校对教学、住宿环境进行了精心的布置，如标识牌、楼梯的英语单词、外墙的文化展示、学生活动专栏展示等，让学生随时随地接受校园文化的熏陶。教室里先进的多媒体教学设备、学生科技活动室、实验室、宿舍、食堂等，都着眼于“为学生服务”的基本理念。让学校成为学生最喜欢的地方，是我们不懈追求的目标。

如果你有机会到我们学校来，你能感觉到，我们学校特别注重营造制度的和谐。学校制度建设以师生的切身需要为出发点和落脚点，强调人本思想与科学管理的有机结合。

在这里，我给大家介绍一下我们学校。

北京市第十一中学分校始建于1968年，1998—2008年为民办公助校，2008年回归公办。现有教职工80多人，学生近600人，是一所具有住宿条件的初中。学校具备现代教育所需的各项教学设施，同时有供250人住宿的条件，学校每年招收的住宿生占学校入学人数的1/3，是全市第一家住宿初中学校，住宿条件优越，以管理严谨、学生活动丰富著称。住宿有利于培养学生的自理能力，解决了学生因家远就学困难的问题，满足了社会的需求。我校是目前城区规模最大的具有全市招生资格、住宿条件的初中校，是东城区优质教育资源。自2010年7月开始，我校进行“校安工程”，对教学楼、住宿楼5000多平方米建筑进行抗震加固，使学校的硬件条件得到了进一步的提升。

我校地处世界文化遗产天坛公园附近，拥有现代化的教学硬件和教学水平优异的教师队伍。学校重视学生的综合素质，学生的德、智、体、美都得到了全面发展。学校开展的涵盖科技、体育、艺术的“第八节课”校本活动类课程已经成为学校特色，受到了学生、家长的普遍欢迎。“办精致教育，为学生服务”是学校的办学宗旨。“校园环境精美，教学设施精良，干部队伍精悍，教师团队精干，课程设计精当，育人过程精心，学校管理精细，人际关系精诚”，八个“精”字涵盖了学校对于教育的要求，反映了学校对于教育、教学质量高标准的诉求。在全体教职工的共同努力下，学校的中考成绩、综合评价等始终在东城区保持较高水平，获得了社会的广泛赞誉。学校先后获得了“全国教科研先进学校”“北京市课程改革先进学校”“北京市科技示范校”“优美校园示范学校”“首都文明单位”等光荣称号。多名学生在全国青少年创新大赛、模型比赛中获一、二等奖。我校教师还取得全国青年教师评优课二等奖、北京市一等奖的好成绩。

“既然选择了教育，就选择了不一般，作为教师就不能拿普通标准来要求自己。”这是贾校长常说的。

在我们学校，教师们都知道自己肩上的担子有多重。就像贾校长在《小学校大教育》一书中所写的：义务教育的不均衡，除硬件、投入方面的问题外，生源存在着差异也是一个很重要的原因。地域文化与家庭文化影响着孩子的行为习惯、目标期待。南城北城的差异、城里城外的差异、城中村与居民区的差异，这些差异将长期存在，作为教育工作者，我们不可能选择，而这又恰恰是大众，是多数，是普惠。这样的教育办好，就是为政府分忧，就是为国家做贡献。

回想这一年来的工作，我觉得自己就像一盘新开凿的石磨，得有外力的推动才能转起来。开始会因为摩擦力大转起来费劲，但随着外力的不断作用，石磨越来越光滑，转起来也会越来越省力。所以在此我感谢北京第十一中学分校的领导和老师们给我的推动力。我自豪，我是北京第十一中学分校中的一员，我在这个大家庭里健康成长。

第二章

敬业，最大的受益者是自己

起始于辛劳，收结于平淡，我既然选择了这个职业，就无怨无悔。我的生命会在学生身上延续，我的价值将在学生身上体现，我的一生会因为学生而精彩。

——班主任心语

永远不要心存抱怨

在教师这个职业中，存在这样一个怪圈：在未做教师之前，许多人眼中的教师是一个不错的职业，都想方设法要当教师。然而，在从事这个职业之后，却又满腹牢骚：压力大了，后悔选择教师这个职业；任务没完成，抱怨领导布置的工作太多；工作没做好，抱怨班里的学生不好管……

可抱怨能解决问题吗？抱怨能使我们摆脱目前的状况吗？抱怨能让我们的工作越干越好吗？没有任何一份工作是完美的，也没有任何一种工作环境是让每个人完全满意的。所以，不要抱怨，即使你有一千个抱怨的理由。

艾森豪威尔是美国第 34 任总统，他年轻时经常和家人一起玩纸牌游戏。

一天晚饭后，他像往常一样和家人打牌。这一次，他的运气特别不好，每次抓到的牌都很差。开始时他只是有些抱怨，后来，他实在忍无可忍，便发起了脾气。

一旁的母亲看不下去了，说道："既然是打牌，你就必须用手中的牌打下去，不管牌是好是坏。好运气是不可能都让你碰上的！"

艾森豪威尔听不进去，依然愤愤不平。母亲于是又说："人生就和打牌一样，发牌的是上帝。不管你手中的牌是好是坏，你都必须拿着，你都必须面对。你能做的，就是别抱怨，让浮躁的心情平静下来。然后认真对待，把自己的牌打好，力争取得最好的效果。这样打牌，这样对待人生才有意义！"

艾森豪威尔此后一直牢记母亲的话，并激励自己积极进取。就这样，他一步一个脚印地向前迈进，成为中校、盟军统帅，最后登上美国总统之位。

如果我们对自己目前的状态不满意，那么只有两种选择：要么改变职业，要么改变心态。

我们每个人都应该好好地问一问自己：你在为谁工作？为自己还是为别人？弄清楚这个问题很重要。

有这样一则故事：

一个上了年纪的木匠准备退休了。他告诉雇主他不想再盖房子了，想与他的老伴去过一种更加悠闲的生活。雇主看到他要走，感到非常惋惜，便问他能不能再建一栋房子，就算是给他个人帮忙。

木匠答应了。随着时间的推移，显而易见，木匠的心已不在工作上，不仅手艺退步，而且还偷工减料，质量更是马马虎虎。完工后，雇主看了房子，然后把门的钥匙交给木匠。"这房子归你了，"他说，"这是我送给你的礼物。"木匠感到很震惊！"太丢人了！"要是知道是在为自己建房子，他做事的方式就会完全不同。可惜，他不得不住在自己粗制滥造的房子里终老一生。

有人说："人生就是一项你自己建造的也是建造你自己的工程。"每一分努力和付出，都会有相应的回报。

我们到底在为谁工作？很多成功人士给了我们最好的答案。

"打工皇帝"唐骏说："我打工不是为了一个企业，也不是为了某个个人，我打工是为了我自己。无非是我借了一个平台，但是最终我还在为自己服务。我是为了自己的梦想在打工，我的老板就是我自己。"

新东方教育集团总裁俞敏洪老师说："正在寻找和已经参加工作的每个人都要明了的一件事是，你做任何工作都是在为自己工作！因为只有你有了工作，你才能赚到一份工资；只有你赚到了工资，你才能过日子。这是从最低层次上说的。从另一个层次上说，你在任何工作中积累的经验、资历和智慧永远都属于你自己。"

我们不是在为别人工作，而是在为自己工作。所以，要热爱自己的工作。我们努力干工作的过程既是我们付出劳动的过程，也是我们学习知识、接受锻炼、增长才干、积累经验的过程，还是我们实现价值观、获得成就感的过程。

马云说，别把抱怨当习惯。如果整天都在抱怨，第二天还得面对，何苦呢？日出东海落西山，愁也一天，喜也一天；遇事不钻牛角尖，人也舒坦，心也舒坦。快乐是靠自己去寻找、去创造的。寻找快乐的源泉，制造快乐的心情，保持快乐的心态，把工作当成事业来做。

记得一位哲人说过，如果一个人能够把工作当成事业来做，那么他就成功了一半；把每一项工作都当成事业去做，就会对工作怀有崇高的责任感和尊重。有了这两种态度，你就会以虔诚之心对待自己的工作，你就会比别人更容易成功。

这是一个很经典的故事，很多人都曾引用过。

炎炎烈日下，一群工人正在铁路的路基上工作，一辆豪华列车缓缓驶到他们面前，突然停住。最后一节车厢的窗户打开，一个友善的声音从里面传出来："比尔，是你吗？"工人队长比尔回答说："是的，吉姆，能看到你真高兴。"寒暄几句后，比尔就被喊他名字的人——铁路公司董事长吉姆邀请到火车上。两人谈了一个多小时后，才握手话别。

火车离开后，工人们立刻把比尔围住，对他居然是公司董事长的朋友而感到吃惊。比尔告诉工友，20 年前的某一天，他和吉姆同时开始为铁路公司工作，当时曾有人问他们："你们在做什么？"比尔的回答是"我在修铁路"，吉姆却说："我正在建造世界上最富特色的铁路。"

有人半开玩笑地问比尔："为什么吉姆已成为董事长，而你却还在太阳下工作呢？"比尔意味深长地说："20 年前我为每小时 1.75 美元的工资工作，而吉姆却为个人价值和铁路事业工作。"

我们工作在一定程度上固然是为了生计，但是比生计更为可贵的是在工作中实现自身的价值。把工作当事业来做，这是一种文化，也是一种心态，有了这种文化的心态，我们的教育思想和教育行为一定是很棒的。

教书育人既可以是一份职业，又可以是一种事业。职业是人们用以谋生的一项工作，是一种谋生的方式；事业则是一个人的精神寄托，是他一生执着地为之献身的目标和追求目标的活动。职业使人能够生活，而事业使人能够生活得更加有意义。在这方面，魏书生老师堪称是我们的楷模。

魏书生说，要想做好自己的本职工作，必须热爱自己的工作，把工作当成事业来做。当你非常热爱自己的工作时，你就会觉得某件事没处理好，被家长骂一顿也能够接受，即使家长骂错了也没什么。把遇上不痛快看成常态，你就会化烦恼、指责、埋怨为宽容、理解、善待。不断地积累自己的幸福、快乐、价值，同时肯定别人的价值，这样班主任才会把平凡的工作看作一个宏大的世界，把自己的班级管理得天清日朗。

“把工作当作职业”的人最后可能只是一个“能工巧匠”，而“把工作当作事业”的人才会是最后的成功者。为什么被一些教师视作艰辛无比的班主任工作，在魏书生老师的眼里竟然是那样亲切和欢欣？因为他把工作当作事业来做。

态度决定一切

一个人的工作态度折射着一个人的人生态度，而一个人的人生态度又决定着一个人的工作成就。所以，曾经担任中国足球教练的米卢说："态度决定一切。"

有这样一个故事：

在路边墙角处，一只小蜘蛛努力地往墙上爬，当爬到一块被雨淋湿的地方时，小蜘蛛就会从那里掉落下来。然后，这只蜘蛛就又开始从墙角爬，可是每次爬到这块潮湿的地方，它总会掉下去。如此一遍一遍，周而复始。

有三个人先后看到了这个场景，他们都不约而同地想到了自己的生活。

第一个人想：自己的整个人生不就像小蜘蛛一样吗？爬上去又掉下来，反反复复，周而复始努力着，结果都是徒劳无益。原来生活就是在徒劳无益的忙碌中挥霍时间，打发碌碌无为的日子。

第二个人想：蜘蛛就是蜘蛛，陷入了误区都不知道，为什么一定要从那片潮湿的地方向上爬呢？如果横着绕过那片潮湿的地方，不就能爬到更高的地方了？以后，我可不能像这只蜘蛛一样，蛮干不思考。我要让自己变得更聪明一些，遇到阻碍该绕行时必须绕行。

第三个人被小蜘蛛的执着精神深深感动了。他想：一只蜘蛛都能够这样不屈不挠，自己还有什么困难不能去战胜呢？我应该向它学习，自强不息，奋斗不止，当自己的潜能被完全激发出来时，一定能创造属于自己的奇迹。

当然第三个人后来是最有建树的、最成功的。

态度往往比工作本身更重要。如果我们总是以不甘平庸的态度对待工作，时刻追求卓越，那么，成功就在这个过程的另一端等着我们。因此，我们首先要解决思想认识的问题。因为思想决定行动，思想有多远，行动就有多远，智慧必将闪亮在其中。

工作的过程就是一个不断遇到各种问题、不断解决各种问题的过程。在一个单位里，不论在什么岗位、从事什么工作，总有一些问题是避免不了的。既然不可避免，我们就要勇敢面对。与其害怕和逃避，不如动脑筋想办法，让这些问题得到合理的解决。

可现实生活中，有些人在工作中遇到问题的时候，总是不停地抱怨："我怎么这么倒霉？这样的事情为什么总是让我碰到？难道这世界上就没有一份不会出问题的工作吗？"是的，这个世界上没有不会出问题的工作，总有一些问题是避免不了的。

苏珊最近非常郁闷，工作中出现的问题越来越多，常常把她弄得焦头烂额，为此她牢骚满腹，脾气也越来越暴躁，工作效率越来越低，面临被解雇的危险。没办法，苏珊只好求助于心理咨询师。

苏珊见到心理咨询师后，又发起了牢骚，抱怨一阵后，她无奈地说："要是能找到一份没有任何问题的工作就好了。"心理咨询师听后，微笑着说："有，我带你去一个地方吧！"

苏珊很好奇，还真有这样的地方？她跟随心理咨询师来到了郊外，下车一看，诧异不已，这是一处墓地。心理咨询师指着前面的坟墓对她说："你看看吧，只有这里才没有问题，也只有这里的人才不会被问题困扰。"苏珊恍然大悟：人只要活着，就必须面对各种问题。

人活在世上总要面对这样那样的问题：小的时候，我们要面对说话、走路、穿衣等问题；学生时代，我们要面对读书、写字等问题；参加工作后，我们要面对生存和实现个人价值等一系列问题。这些问题中有很多都是我们难以想象的。面对问题，一些人总是抱怨。他们在潜意识中害怕问题出现，但现实是问题永远不会自己消失，除非你把它彻底解决。

一个人成功与否，并不取决于外界的环境，而是取决于其工作态度。积极的人，面对问题和困难总是信心大于担心；而消极的人，总是害怕问题和困难，然而，越是害怕问题就越容易出现问题。

工作中出现问题并不可怕，谁也不能保证自己在工作中不出现一点问题，那种希望“没有问题”的想法是不现实的。面对问题，正确的做法就是想办法寻找解决的途径，让问题得到妥善解决。有抱怨和担心的时间，问题可能早已解决了。

在世界金融危机来临之时，许多人都在抱怨，阿里巴巴总裁马云却说：“我们还是要相信，冬天已经来了，春天还会远吗？当大家都在恐慌时，机会就在这里。如果你和别人一样，总是抱怨大环境不好，真正的好机会就从你的指间溜走了。遇到困难，我们要有乐观主义的精神。”

所以，无论在生活中还是在工作中，面对问题，我们都不要害怕、不要抱怨、不要逃避、不要放弃。问题就是命运送给我们的机遇。正是这些问题的存在，才让我们在解决问题的过程中有了锻炼和提高。

当遇到问题的时候，你一定要记住，在这个世界上没有解决不了的问题。只要你有足够的信心，问题总能得到很好的解决。

相信自己是一种心态，也是成功人士能够取得成功的一个秘诀。

美国布鲁金斯学会的网站上有这样一句格言：“不是因为有些事难以做到，我们才失去自信；而是因为我们失去了自信，有些事才难以做到。”所以，无论遇到什么问题，不论事情多么复杂，都要相信自己一定能解决。

如果你萌生了“我应付不了”的念头，那你就输了大半。看看那些成功人士，他们都曾经历过很多挫折，遇到过很多难以解决的问题，但是，他们没有放弃，结果他们获得了成功。

工作就是要解决问题，相信自己，你就有了解决问题的信心和勇气。

出了问题，不要害怕，要想办法解决。可能有一些问题解决起来会很难，甚至可以说非常艰难；或者你已经尽了自己最大的努力，而且努力了很久，可却收效甚微；或者一个问题接着一个问题，搞得你身心疲惫。如果在实际工作中遇到这样的情况，你是继续坚持下去还是逃避或者放弃？

其实，问题就好比弹簧，你强它就弱，你弱它就强。你放弃了，就失去了机会；你坚持了，就赢得了机会。“坚持下去，永不放弃”是战胜一切困难、解决一切问题的有力武器。

在现实工作中，有许多人一遇到挫折或困难就知难而退，这样就半途而废了，问题永远得不到解决。面对问题，最好的办法就是坚持下去。英文里有这样一句话：上帝每制造一个困难，也会同时制造三个解决它的方法。所以，“方法总比困难多”，只要你以积极的心态坚持下去，所有的问题都能得到解决。

任何一项工作都是由一个又一个的问题构成的，我们每天工作的任务就是通过努力，把这些层出不穷的问题解决掉。在解决这些问题的过程中，我们的能力也得到了提升。

虽然在问题解决过程中会遇到种种挫折，但解决问题后的那种成就感、那种喜悦是无法用语言来形容的。所以说，战胜了困难，你便拥有了快乐，你会变得更加自信。解决问题是体现自身价值并且促使自我升华的一个很重要的途径。

总之一句话，无论做什么事情，无论遇到什么困难，都要相信自己，方法总比困难多。

我教书，我快乐

在北京市第十一中学分校工作的每一天，我都过得很充实。

“是谁把雨露洒遍大地？是谁把幼苗辛勤哺育？又是谁引导我们追求理想之光？是您，我亲爱的老师，祝您教师节快乐！”

“当教学楼染上第一缕霞光，您的身影已出现在校园的走廊；当山谷停息了最后一声鸟鸣，您的身影还伴随着淡淡的灯光。千言万语化作一句话：老师，我爱您！”

“您是梯，以伟岸的身躯托着我们稚嫩的双脚一步步攀高、攀高；您是烛，以不灭的信念引领着我们不断地向前探索、探索。感谢您，我的老师！”

看着学生们给我发的一条条短信，翻阅着我和学生们在一起的一张张照片，我满眼是幸福。每一条短信、每一张照片都能勾起我幸福甜蜜的回忆。

那是一个初冬的早晨——

那个初冬的早晨，我感冒了。感觉没有什么大碍，就坚持来到学校。讲课的时候感觉嗓子疼，但依然坚守在讲台上，这点小病对于我来说不算什么。但到了下午，我的办公桌上凭空多出几盒治嗓子疼的药，没有留名，只有一句祝福的话：祝老师身体早日康复。我至今也不知道是哪位同学送给我的。

最难忘的是教师节——

2015 年教师节，班里每一个同学都给我写了祝福语，并写了他们的心里话，后来有个男生偷偷地告诉我说："老师，为了给您写那封信，我想了整整一个晚上。"学生们还精心为我录制了一盒磁带，里面有祝福的话语，还有为我所唱的歌。为了给我制造这份惊喜，我还曾经莫名其妙地被学生们"哄"出教室，后来才知道，他们就是利用那节自习课在教室里录的那盒磁带，为了减少杂音，当一个同学讲话或唱歌的时候，其他同学都坐得规规矩矩，甚至屏住了呼吸，不敢发出一点声音。那年的教师节，我是在教室里和我的学生们共同分享的那盒录音，听完后，我激动得说不出话来，只是向大家深深地鞠了一躬，便走出了教室。因为已经有一种控制不住的情绪在我心里涌动，激动的眼泪已经忍不住要流下来，我为自己是一名教师而感到骄傲和自豪。

我教书，我快乐！因为我喜欢与学生们的互动，在这样的双向互动过程中，我能真切地感受到师生间思维碰撞的精彩。

我教书，我快乐！因为我爱我的学生！他们是我一直都在孜孜以求的心灵的风景：这里有露珠，那是少年闪烁的童心；这里有溪流，那是少年纯粹的激情；这里有鸟鸣，那是少年真诚的呼唤……

我教书，我快乐！因为我喜欢我的课堂，教学内容的丰富多彩，教学理念的与时俱进，教学主体的变化更新，使课堂教学充满活力、充满魅力、充满挑战。

当你面对着这样的情景：苦思冥想时的眉头紧锁，豁然开朗时的小眼放光，渴望发言时的小手直举，各持己见时的小脸通红，对答如流时的小嘴开合……此时此刻，作为教师，你怎能不为之欢欣？

我永远不会忘记第一次走进教室，同学们投向我的好奇的目光；第一次班会，同学们那掩饰不住的惊喜；第一次运动会，同学们的拼搏和汗水；第一次考试，自责的泪水和轻声的叮咛……

我会把这一切都记在我的生命里，永远都不忘记。如果说战场上那瞬间成就的辉煌是伟大的，那么，这平凡的日子里的默默的守候和长久的付出，会让人感到一种忠诚的伟力。

我教书，我快乐！

工作着，成长着，幸福着

无论是教学还是带班，看似枯燥乏味，实际上充满着欢乐和幸福。在与孩子们一起度过的每一个时刻，在与孩子们共同成长的每一个阶段，都包含着许多令人感到幸福的元素。

阿俊是个非常调皮的男孩儿，上课不听讲，作业不完成也经常不做，根本不把班主任放在眼里，无论我说什么他都好像没听见。他唯一的优点就是爱劳动，只要班里、学校有什么劳动任务，总能看到他忙碌的身影。

为了转化他，我决定针对他的特点做工作，让他认识到自己存在的问题。我知道他爱劳动，于是就从这点入手。

我问他："你为什么那么喜欢劳动？"

他不好意思地回答："因为干活儿就不用写作业了。"

我接着问："如果不让你干活儿，你会怎样？"

他不说话，低下了头。

我又说："你热爱劳动，勤劳能干，这是一种非常好的品德。如果你能把这种好品德也运用到学习上，老师相信你会更棒的。我们能不能定个协议，如果你遵守纪律，认真完成作业，和同学能友好相处，老师就让你担任咱们班的劳动委员，让你能为同学们更好地服务，你愿意吗？"

他开心地说："老师，我今后一定遵守纪律，认真完成作业……"

"那你可要说到做到哟！"

"好！"

接下来的日子，他无论是在纪律上还是在学习上，都有了明显的进步。可是没过多久，他又“旧病”复发了。于是我开始竭力在他身上找优点表扬、激励他，使他感到老师在关心他，督促他努力向好的方面发展。

在一节思想品德课上，我在引用“横看成岭侧成峰，远近高低各不同。不识庐山真面目，只缘身在此山中”这首诗时，问学生这首诗的名字是什么，其他人都默不作声，只有他举起了手，并且很流利地答出了“题西林壁”。我很意外，也很惊喜，对他的表现我当时就大加赞赏，为他竖起了大拇指。看着他满脸的笑容，我深刻地意识到：原来他需要的只是老师的一句肯定和赞许。

为了帮助他改掉一些不良习惯，我除了在思想上教育他、感化他，还特意安排了一个责任心强、学习成绩好、乐于助人、耐心细致的同学跟他坐同桌，发挥同伴的力量，帮助他，促其进步。终于，在第一学期期末考试中，他的成绩取得了不小的进步。为了鼓励他，我奖给他一个作业本。奖品虽小，但能表达老师对他的关注及期望。

当我正为他的改变而欣喜的时候，不幸降临到了他身上，他得了一种皮肤病，父母不得不带着他开始奔波于北京与石家庄各大医院治病。父亲陪他来学校收拾行李的那天，他对宿舍里的一切都是那么留恋。看着他认真地把被子叠成豆腐块，然后坐在那一动不动的样子，我的心里有一种说不出的滋味。我安慰他先回家看病，等病好了再来上学，他没有多说什么，只要求我给他多留点作业。我心里酸酸的。他已经在改变了，可生活为什么还要惩罚他呢？我们默默无语。我把他们父子送上了去张北的长途汽车，看着汽车在视线里渐渐消失，我长久地站在那里，似不舍，又似乎在等待他康复归来。正在我思绪万千的时候，忽然看见两个疲惫的身影匆匆地向我走来，我的视线突然模糊了，是他们父子！他们竟然从一公里远的收费站下了车，又步行返回来，就是为了和我说声：“谢谢您，老师！”看着他们父子疲惫不堪的样子，我再也抑制不住自己的眼泪：“不用，不用，孩子，你很能干，将来一定有出息。经历任何磨砺，都是在为自己以后的人生积累财富。你会好起来的，老师在这里等你回来……”

我只是做了一个教师应该做的事，却没想到能让孩子如此感激。我深深地体会到：孩子懂事了！

教师的工作是用自己的知识丰富学生的知识，用自己的智慧启迪学生的智慧，用自己的情感激发学生的情感，用自己的意志调节学生的意志，用自己的个性影响学生的个性，用自己的心灵呼应学生的心灵，用自己的灵魂塑造学生的灵魂，用自己的人格锻造学生的人格，用自己的思想品德熏陶学生的思想品德……

作为一名教师，我们要充分体会和挖掘教育工作给我们带来的各种惊喜、感动、挑战，更加热爱我们的教育事业，和学生一起体验成长过程中的点点滴滴，记住每一个精彩瞬间。

静下心来教书，潜下心来育人

我们正处于一个大变革、大发展的时代，体制转轨，结构调整，利益重组，社会上信息纷繁、诱惑遍地，人很容易迷失自我。精神流浪、灵魂漂泊、思想浮躁……浮躁，几乎是这个时代的流行病。在这样一个时代，我们更要静下心来教书，潜下心来育人。

古时候，有两个兄弟想赚大钱，有位神仙便教给他们一个方法：收集四月成熟的小麦，放在用百年的泥土做成的大缸内，密封存放七七四十九天。等到第四十九天凌晨鸡叫三遍后取出，就能得到人世间少有的奇异汁水，能卖个大价钱。兄弟二人按神仙教的方法开始做了起来。四月小麦还没有成熟的时候，哥哥就急不可耐了，每天吃不好睡不好，什么都不干，眼巴巴盼着麦子赶快成熟，而弟弟则每天耐心地为麦子施肥浇水。收获麦子后，哥哥把麦子一股脑倒进了大缸内，而弟弟则精挑细选了好的麦子放进了大缸。待到七七四十九天刚第一声鸡叫的时候，心浮气躁的哥哥就耐不住性子打开了缸，一看里面是又臭又黑的污水，便气急败坏地将其泼到了地上，而弟弟坚持到鸡叫三遍后才揭开缸盖，里边装满了又香又醇的酒酿。后来，性格稳重的弟弟发了家，过上了幸福的生活，而哥哥仍是一个幻想一天建成罗马城的穷小子，每天还是那样气急败坏。

故事的寓意不言而喻，兄弟二人不同的表现所带来的不同结果值得我们深思。

对于教师来说，日复一日的教学工作难免会让人心生烦躁，教师只有克服了浮躁情绪，才不会患得患失，才能静下心来，潜心钻研业务，让自己的能力不断得到提高。

列文虎克是荷兰著名的显微镜学家、微生物学的开拓者。他年轻时曾在荷兰西部的一座小镇上做过门卫。为了不让时光在门卫这个无所事事的岗位上浪费掉，他选择了学习用水晶石磨放大镜片。磨一副镜片往往需要几个月，为了不断提高镜片的放大度数，他一面总结经验，一面不间断地磨着。他几十年如一日重复做着这种单调的工作，从未感到厌倦。直到第60年时，他终于磨出了能放大300倍的显微镜片，使人类第一次发现了细菌。他成了举世闻名的发明家，受到英国皇家的奖励。难以想象，60年的岁月，重复一种单调的劳动，这需要多么大的毅力！如果他有一点点的浮躁，早就放弃了。

一步一个脚印虽然看似很慢，但这样走出来的路才是最踏实的。

我曾经跟着父母去拜访过北京的几位特级教师，他们家里都有自己的书房，四壁都是书。和他们交流，言谈之间能够感觉到他们的一生似乎都是在买书、看书、写书中度过的。他们的生活恬然而宁静，没有心浮气躁的焦虑，每天都过得很充实，在不断超越自我的过程中享受着人生。

教师是物质生活的清贫者，是精神生活的富有者。作为教师，我们的职责是传授知识，传承民族精神，弘扬爱国主义，为国家培养合格公民。这一职责是神圣的，它关系着国家发展和民族存亡。

教师最大的成功、最大的乐趣就在于被学生所需要，能够给学生带来欢乐。

教师要紧跟时代的步伐，不断学习。教师不仅仅要学习文化知识，更主要的是学习作为一名教师应有的职业精神和经验。

“静下心来教书，潜下心来育人”，体现的是教师的职业心态。静下心来就是使内心平和、宁静，潜下心来就是用心专注、深入。教师要静下心来备每一堂课、静下心来批改每一本作业、静下心来跟每个孩子对话、静下心来研究学问、静下心来读几本书、静下心来总结规律、静下心来认真反思、静下心来细细品味。

让我们在浮躁中沉静下来，不再雾里看花，不再水中望月，不再迷失自我。只有宁静无虑，我们才能拥有安于清贫、乐于奉献、甘为人梯的心境，才能甘心守护人间正气、守护社会道德、守护教育者的尊严，真正把每一天都变成自我完善的过程，在人生的历程中留下一串串坚实的足迹。

微笑工作，幸福你我他

小草远离繁华喧嚣的闹市，为大地增添一抹绿色；拓荒者不断地耕耘贫瘠的土地，大地结出了丰硕的果实。为了教育事业的生机勃勃，我情愿做绿草，甘心做拓荒者，为学生的幸福奉献自己。

一张小小的字条，我至今保留，此刻，它又勾起了我的思绪。

“王老师，您是我遇到的最好的老师，我对不起您，太令您失望了，我不配当您的学生。我家条件不好，现在妈妈的病越来越严重了，而爸爸一个人支撑这个家太辛苦了！为了给妈妈治病，我准备出去打工挣钱，帮爸爸减轻点负担……”

这是我班的王伟（化名）在一天中午留给我的字条，然后他就离家出走了。在这之前我就知道他的家境极其贫困：母亲患有精神分裂症，不仅帮不上家里的忙，还经常会闹出一些乱子，如把洗衣粉当成盐喂给了他们家的毛驴，导致毛驴吐白沫，差点儿死了，更别说孩子放学回家能吃上一口饭了；父亲整天在果树地里忙，起早贪黑，因为家里的唯一收入就靠这些年均收入不到2000元的果树；哥哥正利用学校提供的贷款在外地上大学……得知他家的具体情况后，我的心情格外沉重，决心一定要帮帮这个不幸的孩子。

刚开始，他三番五次地拒绝我的帮助。为此，我也颇费了一番心思：他留给我的那支钢笔是我在一次班会上以“学习进步”的名义颁发给他的。记得当时他特别高兴，欣然接受了那支钢笔。后来，他对这支钢笔爱护有加，从不舍得用它。看着那支他唯一的、心爱的钢笔，我心如刀绞。

在及时向学校汇报他离家出走的情况后，我也认真地反思自己：是不是我对他的关心不够呢？他小小年纪就承担着如此沉重的压力，平时身上也没有一分零花钱。昨天，我硬塞给他20元钱让他留着买早点吃，难道他就用这20元钱出走了吗？傻孩子，那一点钱连路费都不够呀……“不行，一定要把他找回来！”我在心里默念道。

然而人海茫茫，何处寻找？一连几天的东奔西跑，结果毫无消息。正在我着急沮丧之际，学校领导通知我说他回来了。我急忙冲进办公室，看到他正在那里低着头等我。他黑瘦了许多，衣服也脏了。原本满腔的着急与怨气在看到他的那一刻，已没有一丝发泄的欲望，就这样静默着。

“这一段时间你是怎么过的？”我问他。

他低头不语。

“还走不走了？”

他把头埋得更低，微微摇了摇头。

“你知道你走了以后，你的家人、同学和老师会怎样吗？”

他颤动着，泪水早已流满脸颊，哭着说：“王老师，我不走了……”

拭干他脸上的泪水，我什么也说不出来。

在之后的日子里，我不仅每月坚持给他一些零用钱，并教他如何去支配，还对他进行了坚强意志品质的教育：从图书馆借来《钢铁是怎样炼成的》一书给他看，告诉他“人穷志不短”“事在人为”……令我欣慰的是，他在以后的学习和生活上都有了很大的改变：学习成绩由原来的默默无闻上升到了班里前10名；性格也开朗了许多，乐观了许多，较之以前像换了一个人一样……

后来，我的支教生活结束了，但我仍然对他有牵挂，直到现在，仍然和他保持着联系，我对他的关注仍在继续。现在，他家的情况有了明显的好转：母亲的病情已稳定下来；哥哥大学毕业已找到了工作，除了还贷款外，还能够供他读书。他的学习情况也令我非常满意，基本上一直保持班里前10名。我依旧做他精神上的支持者，鼓励他积极地面对人生的每一次挑战，同时尽我的力量，给他一些物质上的帮助……因为我相信，教师对学生心灵的呵护能产生巨大的教育力量。

教师的幸福其实也就在这些所谓的平淡无奇的日子里，但这条平平淡淡的从教之路也能走出厚实的心灵之旅。

有一首小诗我特别喜欢：

我是老师，
我是来帮助孩子的，
我是来点亮梦想的，
我是来成全孩子的，
我是来温暖孩子的，
我是上天派来的使者，
为了告诉孩子，
你是独一无二的，
你很棒！

我会把这首诗牢记在心，作为今后工作的指南。

忙要忙到点子上

“忙”几乎成了现代人的口头禅，好像一天到晚都有做不完的事。我们教师也是一样，起早贪黑，一直坚守在自己的工作岗位上。忙碌是现代人生活的一种常态，但我们不能瞎忙，忙要忙到点子上。那么，这个点子究竟在哪儿呢？

2015年12月19日，我有幸参加了第三届“中国班主任研究”圆桌论坛。此次论坛让我收获颇多，最大的收获是让我明白了班主任的工作是有边界的。

长期以来，中小学班主任都十分热心，对学生的学习与生活都给予无微不至的关怀，家长与社会也普遍认为这样的班主任才是负责任的班主任。然而，随着社会文化与教育观念的改变，班主任的工作陷入了无边界的困境，其义务被无限地放大。一部分家长认为，学生的所有问题都应该由班主任负责，他们将学生教育中的所有责任都归于班主任。一些任课教师认为，学生的思想品德与纪律问题应该由班主任全权负责，自己不需要也不能插手。于是，班主任身上承担的责任越来越多，压力也越来越大。

现实生活中，许多班主任反映自己承受了太多“不能承受之重”。在经受了过重的责任折磨或者见识了其他班主任被过重的压力压迫之后，一部分班主任便奋而弃之，开始有意识地推卸责任。这些班主任在处理日常事务时不投入感情，不乐意“招惹麻烦”，对学生的发展也没有发挥有效的引导作用，甚至有极个别的教师还将一些普通教师都应该尽的职责都推托出去，更不要说班主任的职责了。

在这次会议上，与教育大家面对面交流后，我懂得了以上两种情况都有不当之处。班主任的工作应该是“有所为，有所不为”。那么，我们如何做到“有所为，有所不为”呢？

第一，班主任一定要认识到，班主任的工作是有边界的。

一方面，班主任不要对学生所有的事情都管。学生是有自主性的独立个体，他们需要独立思考与解决问题的空间，更需要能让自己的心灵自由活动的空间。如果班主任事无巨细，对学生所有的事情都管，那么学生的自由空间势必就会受到压缩，让学生感到压抑，这样不利于师生关系的和谐。另一方面，班主任不应该插手学生的某些隐私或家庭事务。例如，对于学生父母的感情纠纷班主任就不应该插手，更不应该在公开场合泄露学生的隐私。

当然，学生的家庭环境会影响学生的学习与成长。班主任的职责在于提醒家长，并努力做好家长的工作，与家长一起给孩子提供一个良好的家庭环境，至于家长如何处理自己的家庭事务就不属于班主任的职责范畴了。同时，班主任应该引导学生正确地看待与处理自己的家庭事务。如果班主任认识不到自己的工作有边界，就一定做不好班主任工作，因为任何没有边界的事务都无法谈及规律。班主任只有明确了自己的工作是有边界的，才能集中精力做好自己应该做的事情。

第二，班主任要明确自己的工作边界，做好自己“当为”之事。

《中华人民共和国教师法》中有对教师义务的说明，《中小学班主任工作规定》中也有对班主任职责与义务的明确规定。班主任可以通过阅读这些法律法规来明确自己的工作边界。当然，由于学生的发展具有整体性与连续性，因此严格地界定班主任工作的边界十分困难。但是，班主任最起码要做到能够区分工作中的大小事，进而做到抓大事、放小事。例如，与管理学生相比，教育学生是大事；与完成教学任务相比，学生精神境界的提升是大事，等等。

班主任该如何提升学生的精神境界呢？专家建议可以从班级文化建设入手，培育积极、向上、向善的班级文化，让学生浸润其中。

班级文化建设包括“显性文化”和“隐性文化”。所谓“显性文化”，是指物质文化、环境文化，如整洁的教室，整齐的桌椅，清新的绿植，悬挂在教室前面的国旗、班训、班级合影，墙壁上的名言警句、名人画像、世界地图，展示学生才艺的主题板报，等等。而“隐性文化”，则包括制度文化、精神文化等。制度文化主要指由各种班级规约构成的一个制度化的法制文化环境；精神文化则是关于社会、人生、世界、价值的种种观念。这些制度和观念潜移默化地影响着学生的言谈举止。

那么，在实际工作中，班主任该如何培育积极、向上、向善的班级文化呢？

建议大家有时间可以读一读冯洪荣主编的《北京市东城区德育课程体系建设初探》一书。以下是我读这本书时总结出的一些心得，在此与大家一起分享。

教育不仅仅是捧上一张张高一级学校的录取通知书，而且是捧出一个个有鲜明个性的活生生的人；教育不仅仅是追求百分之多少的升学率，而且是追求每个学生生动、活泼、主动地发展；教育不仅仅是汇报时的总结、评比时的数据，而且是教师与学生共度的生命历程、共创的人生体验。

为此，我们要做到以下几点。

第一，重视显性文化建设，以整洁清新、富有文化气息的物质环境陶冶学生的情操。

苏霍姆林斯基曾经说过，要使教室的每一面墙壁都具有教育的作用。可见，教室的布置要具有教育性、开放性、审美性。

首先，教室要干净整洁，桌椅摆放要整齐，可以在窗台上养几盆绿植，让学生在恬静舒适的环境中学习。

其次，教室的布置要有文化气息。教室前面的黑板两侧可以挂上班训或班级全体同学的合影；教室两侧的墙壁上可以悬挂一些字画，或是本班学生的作品或学生喜爱的作品；教室后面的黑板报应经常更换，主题应是开放的，由学生自己策划。一个充满书香气息的班级，还应该备有书橱，里面摆满学生爱读的各类书籍。

优美的物质环境对于陶冶学生的情操、激活学生的思维、融洽师生的情感有着巨大的促进作用。在一个整洁清新、富有文化气息的环境中，学生会自然而然地受到暗示和熏染，自发地形成浓郁的学习热情，产生强烈的归属感，使班级文化的建设与学生的发展形成积极的互动，从而取得良好的教育效果。

第二，重视隐性的精神文化建设，用社会主义核心价值观提升学生的境界。

首先，班级文化是一个班级的灵魂，班主任提出的班级文化建设目标一定要有独特性。在组建班集体时，班主任要认真研究本班学生的个性特点，明确班级积极、向上、向善的核心价值观，制订符合本班特点和实际的班级三年发展的总体目标和阶段性发展目标；要让每个学生在理解班级发展目标的基础上，都积极参与设计富有个性的班训、班歌、班徽、班旗等，从中选出最佳方案，创造出属于自己班级的“品牌”标志。

比如，把本班学生的名字蕴含在班训、班歌中，独一无二，往往特别受学生欢迎。班主任还可以抓住学校的运动会、艺术节、合唱比赛、知识竞赛等各项活动的契机，让学生将本班的班训、班歌、班徽、班旗这些“品牌”宣传出去。当每个学生都因此而感到快乐和自豪时，自然也会不断反思自己的言行是否体现了班训、班歌的精神内涵，是否有益于维护班集体荣誉。这样，学生的修养和思想境界就会在班级“品牌”的影响下不断提升。

其次，教育的本质是陶冶，班主任要善于“以文教化”，利用各种优秀的文化资源陶冶学生的情操，形成积极、向上、向善的班级舆论。比如，鼓励学生“学《论语》，讲修养”，学习中国古代优秀传统文化的智慧，拥有一颗仁爱之心；鼓励学生了解学校的历史，传承和弘扬学校的人文精神；鼓励学生发现同学、家长、老师的人格美，向身边的榜样学习，评选“班级之星”“校园之星”“升旗手”；鼓励学生关注每年的“感动中国”人物，在班会上模拟这些人物所面临的道德选择困境，在情境体验、抉择思辨中感受平凡人物的非凡智慧，等等。

再次，班主任要创造机会，让学生在生活中践行善行，倡导学生通过自己的努力，“让人们因为我的存在而感到幸福”。比如，鼓励学生关心身边的同学，团结互助；引导学生尊敬老师、孝敬父母；定期组织学生去敬老院当义工，为老年人带去欢乐；鼓励学生在学校和社区中担任志愿者，贡献自己的一分力量；组织学生为灾区人民、为希望工程捐款，等等。

第三，重视隐性的制度文化建设，以文明有礼的班级规约引导学生的行为。

培育积极、向上、向善的班级文化是一个动态的、发展的系统工程，不能靠班主任一个人，更不应让班主任做强制领导者，而应努力营造民主和谐的班级氛围，通过全体教师和学生的共同努力来完成。建立良好的文化制度和班级规约，有助于约束学生的言行，引导学生养成良好的习惯。

还要注意的是，不同的班级要制订不同的班级规约，不应照搬学校的校规，班级规约应针对本班学生的特点和班级发展目标去制订，要让全体学生参与和认可，并在执行的过程中不断完善。

用纯净的心做纯净的事

没有任何一个职业能如教师一般，面对的永远是活泼泼的生命；没有任何一个职业能如教师一般，总有一种力量在督促自己前行；没有任何一个职业能如教师一般，两袖清风，依然具有一份清净的心境。

因为支教，她放弃了大城市的稳定工作；因为支教，年过30岁的她错失了爱情；因为支教，她5年花光了所有的积蓄，还欠下3万多元的外债。在物质日益丰富发达的今天，在现实金钱与利益的诱惑面前，她依然坚守在大山深处，固守着自己的精神家园与梦想，甘受贫瘠，这份执着让人感动和尊敬。她就是在《光明日报》和北京广播电视台联合主办的“寻找最美乡村教师”大型系列公益活动获奖的“最美深圳女孩”，2010年“全国百名优秀志愿者”获得者，年轻共产党员孙影。

孙影出生于吉林省辽源煤矿的一个普通职工家庭，从小就梦想像妈妈一样，做一名教书育人的老师。

2006年8月，26岁的孙影放弃了在深圳一家高科技公司的稳定工作，跟随“募师支教”志愿者队伍，远赴贵州毕节大方县大水乡鞍山小学。贵州毕节大方县是国家级贫困县，自然条件恶劣，大水乡更是该县最偏远、条件最差的乡。

刚到鞍山小学的那天晚上，学校停电，伸手不见五指。孙影躲在门窗残缺的宿舍里，望着四周黑漆漆的大山，听着山中呼呼风声，害怕得难以入睡。

孤身一人在山里支教，孙影曾几度遇险。2008年冬天，孙影夜里烤着炭火睡觉，差点煤气中毒。在山区奔波了几年，孙影累坏了身体，患上了严重的风湿关节炎，每逢阴雨天，手腕、膝盖就疼痛难忍……山里的艰辛没有难倒孙影，当地孩子们艰苦求学的境遇却让她揪心。“那一双双渴望、期待的眼神，看着让人心疼不已。”孙影暗下决心，不管遇到什么困难，一定要帮帮这些孩子！

孙影对学生不仅有耐心，更有爱心。10岁的樊迪智力有问题，孙影在他的作业本上工整地写上“樊迪”两个字，一遍遍地手把手教他，让他照着抄写，并鼓励、表扬他，让他备受温暖与鼓舞。

二年级的女孩陈丽的爸妈都在外面打工，她跟着外婆生活，一天到晚头发都是乱蓬蓬的。孙影经常将陈丽叫到宿舍，给她梳头发、扎辫子。

……

几个月过去了，一学期的支教生活结束了。当初同行的10多名志愿者都离开了贵州，可孙影却选择了留下来。2007年10月，她被大水乡政府任命为鞍山小学副校长。

她原本可以尽享深圳大都市的繁华，却两度放弃深圳令人羡慕的工作，只身前往贵州边远贫困山区支教；5年里10次奔赴贵州山区，捐建4所希望小学，为300多名贫困生找到爱心资助。

如今，孙影在大山里度过了5个生日。因为大山支教，年过30岁的她错失了爱情，但她无怨无悔。孙影融入了当地的生活，成为乡亲们眼中的“最美深圳女孩”。

在上大学的时候，我就被2010年“全国百名优秀志愿者”获得者孙影老师的事迹所感动。

捷克著名教育家夸美纽斯认为，太阳底下再也没有比教师更崇高、更优越的职业了。教育是一种以人格来培养人格、以灵魂来塑造灵魂的崇高事业。教师肩负着传播文化科学知识、开发人的智力和塑造人的灵魂的伟大使命，所以，人们称教师是“人类灵魂的工程师”。

小的时候，看着老师在讲台上侃侃而谈，幼小的心灵里便萌发了一个想法：要是我也能当老师，那该多好啊！儿时的梦还有几分天真，几分幼稚。当我从首都师范大学毕业走上三尺讲台，真正品尝了心灵劳作的甘美，享受了成功的喜悦之后，我才真正领悟了“老师”这个称呼的分量。

当我的学生在考试中取得优异成绩的时候，当他们在各种竞赛中频频获奖的时候，我是多么快乐！当我所带的班级获奖的时候，当我的讲课受到学生欢迎的时候，我是多么激动！我喜欢当老师，是学生的天真无邪、纯朴真诚感染着我。怎能忘记课堂上心灵与心灵的交流？怎能忘记操场上和学生们一起奔跑时的欢笑？怎能忘记主题班会上与学生们一起演唱时的感动？怎能忘记运动场上那一声声呐喊助威？……

教师不仅仅是一种职业，更是精神的化身，它孕育着真、引导着善、创造着美、奉献着爱。用纯净的心做纯净的事，就会演绎出教育的精彩！

头顶一轮皎洁的明月，我欣然前行

我出生在一个教师的家庭，我的妈妈是一名教师。受家庭的影响，我从小就喜欢教师这个职业。

大三的时候，我利用业余时间和同学一起去北京市石景山黄庄学校支教。这是一所打工子弟学校，设有小学部和初中部。从首都师范大学到石景山黄庄学校有一个多小时的车程，来回奔波虽然很辛苦，但我感觉收获很大。最大的收获就是我真正走上了讲台，体会到了当老师的感觉。从那一刻，我切身感受到当老师真的挺好。

大四的时候，我去北京第一五九中学实习。这是北京市西城区的一所完全中学，有初中部和高中部。实习期间，我充分感受到了作为一名教育工作者的责任与使命，同时也更加坚定了要做一名教师的信念。

大学毕业后，我进入北京市第十一中学分校工作，圆了我的教师梦，我特别高兴。但我清醒地认识到，圆梦不是终点，而是新一轮梦想之旅的起航。我的新一轮梦想之旅将和我的学生一起度过，我会永远忠于理想，挥洒激情。

如今，我走上了三尺讲台，每天的日子都过得很精彩！我和学生们一起写班歌、唱班歌；学生有了进步，我把心爱的礼物送给他们；学生有了病痛，我带他们到医院看医生；值日生做值日，我帮他们打水；宣传委员写板报，我给他们画小花；为了让每一个学生都有展示自己的机会，我组织“诗歌朗诵”比赛；为了让学生们展示特长、培养他们的表达能力，我利用活动课举办“主持人大比拼”……学生们在活动中心情愉悦，在愉悦中提高了学习兴趣，学习的积极性也被充分调动起来，考试成绩越来越好。

乌申斯基说："在教育中，一切都应当以教育者的个性为基础，只有个性才能影响个性的发展与定型，只有性格才能养成性格。"

个性不是言语的轻狂、行为的乖张，而是与众不同的成长、先知先觉的成长。个性要有成为榜样的价值才有现实的意义，应该是在共性的基础上凸显自己的特长和优势。教师的个性是教师知识、技能、素养的综合表现，是教师情感、意趣、人格的集中展示，是对现实的强烈追问，是对保守的彻底批判，其核心表现为一种崇高的精神追求。

如果教师缺乏个性，就永远也不可能培养出有个性的学生。我们要在坚持中彰显教师的骨气，不为名利所动，不为世俗所影响，不为权势所压制，坚持自己的教育原则，这就是教师的个性所在。

遥想当年清华、北大里那些有个性的名师：陈寅恪、吴宓、胡适、傅斯年、刘文典、鲁迅等，无不在彰显他们个性的同时，还给人们留下了宝贵的教育财富。

20世纪二三十年代，闻一多着一袭长袍，叼一柄烟斗，趁着黄昏暮色开始他的《离骚》讲座，声情并茂的演讲，衣袂翩然的风度，常常让学生辨不清是闻先生在演讲还是屈原在行吟。潇洒浪漫的诗人徐志摩对泰戈尔创办的那所"把大自然当成绝妙奇书"、坚持在森林中上课的学校情有独钟，"再别康桥"之后，他曾为在国内也办一所类似的大学而奔走，尽管终未如愿，但他经常带着学生走进茂密的树林，靠着一棵老树，一手拿书，一手指着蓝天白云，给学生讲授欧洲文学与中国诗学。他们都是独特而深刻的"这一个"，正因为其独特和深刻，才不可模仿，才成为教师中的师者。

教师的个性是建立在教师良好的品德、人文素养的基础上的。教师在教学中充分展示自己的个性，个人价值才能得到充分的发挥，也才会促进学生个性的充分发展。

有教学个性的教师，在他们身上往往体现着一种独立思考的意识，能充分展现自己的学识和修养。作为一名年轻的教师，在前方还会有许多风雨与荆棘，但头顶一轮皎洁的明月，我欣然前行。

潮平岸阔东风劲，帆悬心畅我远航

教师的工作是伟大的，同时也是琐碎的，有关学生的每一件事情看起来都是微不足道，可是每一件事都有可能成为学生人生的岔路口。

他聪明好动，思维灵活，但由于长期与奶奶相依为命，缺乏父母的严格管教，所以对学习没有什么兴趣。虽然每天按时来上学，但人坐在那里，心早已经不在课堂上了。在课堂上，他总是自由散漫做各种小动作，只有碰到感兴趣的话题时，才会争着发言，但对的时候特别少。我教他一年来，如何提高他的成绩成了老大难问题。虽然我在他身上下了不少功夫：曾经多次与他交谈沟通，曾经为他辅导功课，也曾经去他家，向奶奶了解情况，商议对他的教育办法。但我所做的一切，他并不领情，也不感动，依然我行我素。怎样才能提高他的成绩呢？

快要考试了，我把他叫出教室，微笑着问他："准备得怎么样了？复习好了吗？"

他点点头。

我又问他："这次能超过上次吗？"（上次他只考了 39 分）

他抬起头茫然地看着我，然后机械地点点头。

我顺手摸摸他的头，仍然笑着说："你只要能够有进步就好了。要不这样吧，老师答应你，如果这次考试你的成绩能够超过上次，老师就给你发奖品、写奖状，还在班里表扬你，怎么样？只要你努力，老师相信你肯定能行的！"

他看看我，再次若有所思地点点头。让他回班时，他抬起了头，很是自信的样子。

成绩出来了，他的成绩依然不理想，没有达到我的预期，不过总算比上次强了点。怎么办？还给他奖品吗？还表扬他吗？我犹豫了。片刻的思考之后，我决定兑现自己的诺言，毕竟成绩提高了，他努力了。于是，我如约写了奖状、买了奖品，还在放假前的典礼上表扬了他："你看，老师说你会有进步的吧。记住，只要你付出努力了，肯定会有回报的。要相信自己，你不比别人差，你肯定行！老师希望下次你的成绩会更棒！"他冲我使劲点点头。当我看见他咧嘴开心地笑了的时候，我意识到自己做对了！我也期待下次考试他能更进一步。

在放假前的那几天，这个孩子很快乐，什么事都积极参与，也愿意凑在我的身边与我聊天了。在和他交流时，他一再表示，因为老师相信他肯定行，所以新学期他会更加努力，争取获得更理想的成绩，争取得到老师的更多奖励！听到他的话，我也特别开心，充满了期待。

对于这样的孩子，作为老师，绝对不能鄙视、不能抛弃，而要做到与其他学生一视同仁。我们应该伸出援手尽力去帮助他们、重视他们，引导他们走出困惑、看到希望，使他们在迷茫中找到自信，从而能够主动地学习，感受到学习的快乐。

课上，我们要多关注他们，适时对他们进行鼓励与表扬，以提高他们的自信心与参与意识。课下，我们要和他们做朋友，平等沟通。布置作业时，可以给他们吃点"偏饭"，让他们能够每天乐意来上学，乐意听老师的话。当然，承诺过的事，一定要兑现，绝不能食言，这样才更容易获得孩子的信任与理解。久而久之，相信他们一定会进步，也会让老师看到他们身上的闪光点！

以上是我教育生活中的一段经历以及感悟。"回看经行处，点点淡墨痕。"虽然当班主任的时间不长，但一路走来，我感觉收获颇多。

在我心里，班主任工作是一种责任、一种使命、一种追求，更是一种幸福。这种幸福凝聚在一次次精心准备的主题班会中，凝聚在一节节师生互动的课堂中，凝聚在一回回精彩的实践活动中，凝聚在一张张豁然开朗的笑脸中……我觉得，做班主任是一种快乐，是一种淋漓尽致地挥洒青春活力与生命精彩的快乐。

回顾在北京市第十一中学分校工作的这段时间，我感觉当老师真的挺好。特别是当班主任，听着学生们一口一个“王老师”地叫着，我感觉特别亲切，特别满足，特别幸福。但我也深知，在带班过程中我还有许多亟待提高的地方，要做到在学生犯错误的时候，能多一点宽容和友爱；在学生失落的时候，能多一点理解和支持；在学生气馁的时候，能多一点表扬和鼓励；在学生孤独的时候，能多一点温暖和体贴。

教师的工作，尤其是班主任的工作，责任太重大了。学生在未来的社会条件下究竟怎样做人，怎样立身处世，能不能用自己的双手为社会做出应有的贡献，从而为自己创造幸福的生活，这一切在相当大的程度上取决于他们在青少年时代所受到的教育。所以说“振兴民族的希望在教育，振兴教育的希望在教师”，因为教师是教育的关键所在。

“路漫漫其修远兮，吾将上下而求索。”我将继续秉持仁爱之心，不断探索有效的班级管理之道。潮平岸阔东风劲，帆悬心畅我远航！

第三章

教育是与学生共度生命的历程

把学生当成朋友时，你正走向成功；和学生成为朋友时，你已成功了一半；与学生成为知心朋友时，你就获得了真正的成功。

——班主任心语

爱是教育的根本

教育是一门“仁而爱人”的事业，爱是教育的灵魂，没有爱就没有教育。好老师应该是仁师，没有爱心的人不可能成为好老师。

高尔基说：“谁爱孩子，孩子就爱谁。只有爱孩子的人，才可以教育孩子。”在教育风格上教师可以各显身手，但爱是永恒的主题。

教师的爱心是学生打开知识之门、启迪心智的主要动力，能够滋润、浇开学生的心灵之花。教师的爱，既包括爱岗位、爱学生，也包括爱一切美好的事物。

在我支教的班中有这样一个女孩：高高的个子，很瘦，看上去比班里的孩子们大一些，不爱说话，经常一副心事重重、无精打采的样子。她总是一个人坐在教室的一角，远远地看着别人玩，呆呆的眼神让人怜爱，成绩很不理想。刚接班的时候，我并没在意她。每天下午的写字时间，我都按照惯例让孩子们拿出写字书，一边示范一边指导，当然也不会落下她。没过多久，我发现每当走到她的座位前，她都主动让我示范，每次都感激万分地对我说声“谢谢”。但是，她除了写字的时候表现积极，其他的时间里根本没有存在感，上课也不认真听讲，更不愿意回答问题。这究竟是为什么呢？

经过了解我才知道，原来她不是她父母的亲生女儿，而是父亲在一次干活儿时捡到的，母亲对她不好，还是在许多人的一再劝说下才同意让她上学的。父亲常年在外，母亲把家务活儿几乎全交给了她。到后来，家里多了妹妹，更多的家务压在了她柔弱的肩膀上。因为成绩太差，家里打算让她念完小学就辍学！一位老师告诉我，她也曾多次家访，但是孩子的母亲让她感到心凉："她的成绩那样，进了初中也学不好，还不如在家帮忙干点活儿。"同班的老师还说，她的成绩从来都是三四十分，家里父母也不重视，无暇管她，老师教她她也不会，大家几乎都抱着放弃的态度，觉得她能顺顺利利小学毕业就不错了。

听了这些话，我的心情格外沉重，这样的一个孩子，因为家庭的困难原本已经失去了许多本该属于她的快乐，失去了她这个年龄应有的灿烂笑容，难道我们这些教育工作者还要眼睁睁地看着她离开学校，过早地承受生活的重担吗？孩子幼小的心灵缺乏爱的滋润，长期承受学习落后的压力和各方打击，所以总是徘徊在无人关注的角落。我暗暗发誓，一定要把她带回到班级的大家庭里来，让她重拾学习的信心和勇气。

针对她的情况，我决定从生活和学习两方面入手来帮助她。

首先，抓住她的闪光点，用欣赏的眼光看待她。其实，她身上的闪光点很多，洗衣、做饭、扫地等家务活都会做。于是，我利用大扫除的机会，在同学们面前表扬她干活不怕脏、不怕累，主动帮助其他同学完成扫除任务。我还经常夸她的字写得规范整齐，夸她生活自理能力强。

在这样一次又一次的鼓励下，同学们也愿意和她结成伙伴，她逐步融入学生中间，脸上也时时露出微笑，到校更早，上课能认真听讲，各方面的表现都积极多了。

生活中，我像亲人般地关心她，下雨时递给她雨伞，天冷了拿给她衣服，节日时赠给她文具……想尽一切办法与她亲近接触，创造一切机会与她交流沟通、拉近距离，以关爱之心来感动她，让她对我敞开心扉。渐渐地，我了解了她的所思所想，于是有针对性地引导她以坚强的态度面对生活，用感恩的心来看待现实世界，有时谈到动情处，我能真切地感受到她内心充满着感激，眼里含着感谢的泪花，脸上流露出坚定和自信。

对于她学习上的一点小进步，我都不会错过，只要她有进步，我就坚持夸奖、鼓励她，她的成绩也一步一步在提升。

每个学期结束，我都会发给她一张学习进步的奖状，让她拿回家贴在墙上，给父母看。经过两个学期的关爱和教育，她变得阳光了许多，学习也更加主动。

爱是春雨，能滋润干涸的心灵；爱是火炬，能点燃泯灭的希望。爱心是学生从老师那里得到的温暖，爱心是沟通师生心灵的桥梁，爱心是促使学生认真学习和热爱生活的力量源泉。作为一名教育工作者，在树立教师尊严的同时，更应该富有爱心，做到因人而异、因材施教，用爱心教书育人，以真情关爱学生。

正如父母爱自己的孩子是一种本能一样，教师关爱学生也是一种教育的本能。关爱身边的每一位学生，是教师应尽的义务。真诚的关爱像阳光一样温暖，可以照亮学生的心灵，鼓舞他们跨过成长路上的每一个沟坎。在教师眼里微不足道的小事，却有可能成为影响学生一生的至关重要的大事。因此，作为一名教师，以赤诚的爱心、用最大的耐心去滋润学生的心田，是我们义不容辞的责任和最大的快乐。

有人说，教育绝不是饭碗，不是差事，甚至也不是职业，而应该是一项伟大的事业。因此，教育需要梦想家和诗人来经营，需要信徒和殉道者来朝圣；需要肉体的投入、灵魂的参与、精神生命的支撑；教育需要乌托邦，需要田园牧歌式的价值追求；教育需要摒弃疏远自然、脱离生活和缺乏诗意的种种弊端，才能引领学生回归田园，融入生活，激活其野性思想和原始生命力量。为此，必将有人将自己摆放在献身乌托邦的祭坛上。

对于这段话我一直不理解，看完河北省张家口市桥东区逸夫怡安小学齐海英老师在2009年第6期《班主任》杂志上发表的《青丝》一文，我完全理解了。

她曾有一样令很多女孩妒忌的东西——一头瀑布般的长发，足足1.2米。那种美，温婉灵动，清新飘逸。无论走到哪里，总会不时出现瞄准她的镜头，还会有人主动上前与她合影。更有一次，一个开着红色跑车的女人跟了她一路。那女人开出天价，想买她的长发。她摇摇头。那女人不甘心，最后递给她一张名片，告诉她，如果有一天改变了主意，要第一个打电话给她。红色跑车刚离开，她就把名片扔了。她笑，怎么会有那样的一天。要知道，那一头长发，是她青春年华的全部。

那一年，她22岁。也是在那年的夏天，她师专毕业，被分配到一个偏远的山村中学支教一年。

孩子们喜欢她，喜欢她的长发。那段日子，长发成了她和孩子们共同的荣耀。

夏天的傍晚，几个孩子会从破陋的教室，搬一条晃晃悠悠的长凳出来；另几个孩子，则早已备好了盛满温水的大大的木桶，等在她的宿舍外面。在孩子们烂漫无邪的笑声中，她的长发被七手八脚地装进桶里。每次，她都会闭了眼，任由孩子们用水拨弄她的长发。等再睁眼的时候，深紫色的夜空已缀满了亮晶晶的星斗。那一刻，她幸福得像童话里的公主。

孩子们淘气，每次洗头时，总有些坏小子悄悄揪她的长发，一根，两根，夹杂着一丝针扎般的疼。但她从来不生气，有时反而逗孩子们：如果每一根头发都有魔力，你希望它变成什么?

“铁轨。”一个孩子悄悄说。

“火车的铁轨通到哪里，老师?”另一个孩子怯怯地问。

“我从没坐过火车。”好多孩子低低地说。

她的心猛地痛起来。

一年的支教时光很快就要过去。她的班里，已经有三个孩子因为家境困难而辍学，包括那个期望长发变成“铁轨”的孩子。

临走前一天，她把那三个孩子接回班里，为孩子们上完了最后几节课。离别的时候，她告诉孩子们，无论如何，一定要坚持读下去，她会在铁轨的另一端，等他们来。

她说，总会有办法的。

她回到了城里。整整一个暑假，她发疯般地到处打听那辆红色的跑车，找到那个曾经开出天价的女人。那一头陪伴了她20多年的青丝，变成了一张飞往山区的汇款单。

五年过去。她依然和孩子们在一起，日复一日，只是她早已变成了一个极平常的女子，再不会有人关注。每次在街上遇到长发飞扬的女孩，她总会停下来怔怔发呆，她想起那个盛满清水的木桶，想起缀满星斗的夜空，想起铁轨，想起那些孩子。

又是一个阳光明媚的下午。邮差送来一封信，厚厚的，上面却没有寄信人的地址。

小心拆开，是一个很普通的日记本，中间却鼓鼓的。

翻开第一页，上面没有一个字。雪白的纸的中间，从最左侧起，是两串黑色的省略号，上下平行。省略号右侧，是两根黑色的头发，用胶带纸平行固定。头发很长，从第一页折回到它的背面，又从背面延伸到第二页，再折回第二页的背面，再延伸到第三页……前面的两根长发没了，又会被另外两根长发续上，连同固定它们的胶带纸，始终平行，直到日记本的最后一页。结尾，仍然是两串黑色的省略号。

弯弯折折的漆黑长发，依稀还闪烁着五年前的光泽，宛若两条前不见头、后不见尾的长长的铁轨，翻飞在白雪皑皑的原野上。隐隐地，似乎可以听到轰隆隆的声音，好像有火车呼啸而来。

瞬间，她泣不成声。

就在日记本的最后一页，在两条黑色的“铁轨”之上，写着这样几行字：“老师，感谢您！我们坚持下来了，因为您的长发。您曾经天价的长发，换回了我们现在无价的未来。您还在铁轨的另一端吗？我们来了。您听，火车呼啸而来。”

这世上，真正美的东西，是不会因失去而离开我们的。有时候，它只是存在的形式变了：它从一个人身上离开，却根植在更多人心里。

正如陶行知先生所说：“捧着一颗心来，不带半根草去。”这就是教师的爱。

记得一位哲人这样说过：“写在纸上的爱，一个早晨可以读完；说在嘴上的爱，一转身就能忘记；而唯有教师和母亲之爱写在大地和天空，永藏在心底。”

李吉林老师说：“我觉得最重要的，是对教学、对孩子执着的爱，是任何情况下都不会改变的那种始终不渝的爱。”

教师是人类灵魂的工程师，担负着教书育人的神圣使命。教师只有对教育事业投入深厚的感情，才能全身心地投入实际工作当中。

爱是教育的根本，没有爱，就没有教育。

讲究爱的艺术

教师对学生要有慈爱的一面，也要有威严的一面，这是师爱中既对立又统一的两个方面。它们互相依存、渗透。爱中有严，严中有爱，爱要通过严表现出来，严又要以爱为基础。失去了严的爱就是溺爱，而失去了爱的严就变成了冷酷，都是不可取的。

正确处理爱和严的关系，是衡量一个教师是否成熟的标志之一。

师爱是一种大爱，既要有博大无私的境界，也要有行之有效的方法。这就是教育的智慧。

我班有一个叫李阳（化名）的孩子，他头脑灵活，学东西很快，但是上课从不认真听讲，经常不完成作业，喜欢玩电脑，很少与同学和老师交流，性格孤僻。父母在他很小的时候就离婚了，他跟着父亲和奶奶生活。父亲对他的关心少，对他的管教就是拳打脚踢，父子关系比较疏远；奶奶对他又过于溺爱，所以他在学习上、生活上出现了各种各样的问题。从日常的生活中我观察到，他走路都是挨着墙边，也很少和同学聊天，课上总是做一些小动作，引所有人都关注他。我感觉这个孩子的心理问题很严重，必须要帮助他改变现状。

父母离异对年幼的孩子来说，遭受的打击比父母更大，而且孩子比大人敏感、脆弱，他们还不具备心理的自我调节能力，一时还难以面对父母离异的严酷现实，因而会感到无所适从。他们会拿自己的现在与过去比，感到自己处境大不如前，也会拿自己与健全家庭的孩子比，自感不如别的孩子幸福，因而滋生出自卑的心理，做事变得胆怯，缺乏自信，缺乏进取和积极向上的精神。

从李阳不愿与人接触，对周围的人常有戒备、厌烦的心理，表现出神经过敏的症状，以及他自我封闭，不愿向他人敞开心扉，不愿外出活动，不愿与人打交道，与其他的同学格格不入，甚至与老师对着干的表现可以看出，家庭的变化对他的影响有多大。

对李阳这种情况，我刚开始采用的是常规教育方法，就是用班级制度去约束他，可是他根本不买账。对班级每周的量化评比，他根本不放在心上，即便是连续几周都是最后几名，他也无所谓，一副“死猪不怕开水烫”的样子。

于是我不得不反思自己的教育方式。在单亲家庭长大的孩子或多或少都会有些心理上的问题，所以我必须调整自己，摒弃陈旧的教育方式，采用新的教育理念和教育策略。

第一，用爱感动孩子。

每个孩子都渴望得到父母的爱，每个学生也都希望得到老师的爱，当他感受到你的爱时，他就会不自觉地听你的话，尊重你的意见，听从你的建议。

我知道李阳从小缺少母爱，所以就在生活中处处关心他：在下课的时候，我会走到他的跟前，跟他聊天；在操场的时候，我会站在旁边看他们几个打篮球；因为他离家比较远，放学的时候我都会提醒他路上注意安全。

但是这些方法收效都不明显，李阳还是很排斥我，不喜欢跟我交流，即使跟我交流时，也总是喜欢左顾右盼，顾左右而言他，让我感觉是在敷衍我。

我想，也许我与他之间交流得还不够深入。

有一天，他没有来上学，晚上也没有回家，而是去网吧上网了。在我已经调查清楚的情况下，他依然当着我和家长的面撒谎，我当时就愤怒了。晚上，我对着他大声吼了几句，就把他一个人扔在办公室，随后我给他写了一封信，在信里问他：“为什么老师这么长时间的真心，居然换不来你一句真话?”

也许夜的寂静更容易让人敞开心扉，那天晚上，李阳坐在办公室，给我回了一封长长的信，信里说从小母亲就离开了他，只有父亲一个人陪他长大，他得到的不是父亲的关爱，而是责备，是拳打脚踢，他渴望得到父母的爱。但是他知道这是多么奢侈的一件事呀，所以，慢慢地，他就变得越来越孤僻了。

我被深深地震撼了，同时也为李阳向我敞开了他的内心世界而感到欣喜，他接纳了我。那天晚上，我紧紧地搂住了他的肩膀，说："以前怎么样，都过去了，现在你在我的班级，你就是我的孩子，让我们一起努力吧。"

了解到李阳内心的需要，在平时的学习和生活中，我更加处处关心他。在他过生日的时候，我特意买了礼物，还写了一段祝福和希望的话。当他收到我的礼物时，感动得哭了，我知道我的努力没有白费，孩子会感动，说明他会进步了。

第二，用爱改变孩子。

爱的力量是不容忽视的。爱孩子的方法很多，但我们要找到最适合的那一种。

在班级里，多表现对他的关心，比如，他咳嗽的时候，我会用手探他的额头，问他是不是感冒了；他上课睡觉的时候，我会走到他身边询问他是不是不舒服；他衣冠不整，我会帮他整理衣服，顺便抚摸一下他的头，等等，这样做的目的就是让班级的其他同学明白，他也是老师的几十个孩子之一，他在我心里同样很重要。这样，同学们就不会因为他是学困生，而且表现最差，而孤立他。

好孩子是夸出来的。多夸奖、多表扬可以使孩子更有信心。比如，关于他迟到的问题，我是这样处理的。他上课迟到了，如果只迟到几分钟，我会当着所有同学的面表扬："大家看，李阳同学虽然早上起晚了，可是他还是以最快的速度来到学校，只迟到了几分钟，很有时间观念。"如果他迟到了，刚好被我碰到，我会问他为什么迟到，他就会随便胡诌几句，我就在班级表扬他："虽然李阳同学迟到了，但是一到学校，就懂得找我说明原因，很有礼貌，知错能改。"

这样几次之后，李阳彻底改掉了迟到的毛病，而且给其他同学当了楷模。所以表扬的力量是不可忽视的。

在我的关心下，李阳慢慢地在改变。以前他从来不关心别人，从来不在乎别人的感受，现在他会关心其他人的感受了。最令我感动的是，在我生日的时候，他悄悄地送了我一份礼物，虽然不贵重，但很珍贵。看来我的李阳真的变了，变得让我都要重新认识了。

李阳彻底地改变了。同学们喜欢和他聊天，他也开始向别人敞开心扉，说出自己的苦与乐，而且成绩也有了很大的提升，让任课教师对他刮目相看。

孩子本是善良和天真的，因为种种原因，他们承受了不该承受的痛苦。作为教师，一定要采取正确的方法，帮他们找回原本的快乐。

反思李阳的转化过程，我认识到，“感人心者，莫先于情”。对于学困生，教师应首先亲近学困生、关心学困生、尊重学困生，建立起民主、平等的师生关系；摸准学困生的思想脉搏，贴近学困生的心灵，形成友好、愉快、和谐的氛围；同时要及时准确地捕捉学困生的“动情点”，以真挚的关爱去转化学困生。

另外，教师要有敏锐的洞察力，善于发现学困生身上的闪光点，要“以一当十”“以小见大”，哪怕是微小的进步也要及时表扬和鼓励，帮助学困生树立起学习的信心。

苏霍姆林斯基在《给教师的一百条建议》中写道：“一个好老师意味着什么？首先意味着他是一个热爱孩子的人，感觉到和孩子交往是一种乐趣，相信每一个孩子都能成为一个好人，愿意和他们交朋友，关心孩子的快乐与悲伤，了解孩子的心灵，时刻不忘记自己也是个孩子。”

教师的爱是一种关心，一种关切，一种理解，一种宽容，一种帮助。讲究爱的艺术，对于我们来说，需要从不同的角度，用不同的方法，沿着不同的规律去开发。

我是“孩子王”

著名教育家陶行知先生有句名言：“我们必须会变小孩子，才配做小孩子的先生。”

小阳是个男孩子，他个子很高，长得蛮可爱的，浓浓的眉毛下边嵌着一双大眼睛，看上去十分精神。可是谁能想到，外表这么可爱的一个男孩子竟是我们学校的“名人”，为我们班争了不少“光”：他上课总是喜欢搞些小动作，影响别人学习；下课时又爱追逐打闹，几乎每天都有学生告他的状；作业写得潦草，还经常完不成；值日从来不做，值日时没有一个学生愿意和他分在一个组。他是我办公室里的常客，几乎每天我都要找他谈话，希望他能认识到自己的错误。然而面对我的苦口婆心，他总是一副爱理不理的样子，口头上答应了，可一离开办公室又是我行我素。

苏霍姆林斯基曾说过：“在我们的创造性的教育工作中，对‘差生’的工作是最难啃的‘硬骨头’之一。”面对小阳这根“硬骨头”，我没有退缩，没有放弃，一直在寻找适合的方法，我要使他转化。

活动课上，小阳跑了过来：“老师，你会下五子棋吗？咱俩下一盘吧！”本来我想回办公室休息一下的，但是看着他那渴望的眼神，我答应了。看到我要和小阳下棋，班里的学生里里外外围了一大圈。开始下的时候，我根本没把他放在眼里，心想：一个小孩子还能赢得了我？我随意地下着，走了二十几步后才发现自己轻敌了。我专心想挽回局面，败局已定，我不得不向他认输。围观的学生热烈地欢呼起来：“小阳赢了，小阳赢了，小阳把老师赢了！”

从那以后，我发现他课上完全没有了以往那种无精打采的样子，腰板挺得特直，眼睛一直盯着我，很认真地听我说每一句话。更令我惊奇的是，他居然举手回答了一个问题。我高兴地表扬了他，他脸上洋溢着属于孩子的特有的灿烂笑容。

在那段日子里，小阳一到活动课就纠缠着要和我下棋。而我每次和他下棋的时候，都要提个小要求：

“明天该你值日了，可不要让组员们又说你什么都没干啊!”

“下午有科学课，可不能让科学老师来告你的状啊!”

“作业能写得再工整些吗?”

……

慢慢地，小阳像变了一个人，上课开始认真听讲了，作业也写得工整了，课下他还主动地为班里做好事。更重要的是，告他状的人少了。同办公室的老师都说：“最近怎么不见小阳来办公室了?”每次听到这样的问话，我都会在心里偷着乐：小阳这根“硬骨头”已经被我啃掉了。

受这件事的启发，我经常和学生们一起活动，和他们一起跳绳，一起踢毽子，一起打球。

通过玩，我和学生成了好朋友；通过玩，我和学生产生了深深的师生情。学生有了心事都喜欢向我倾诉，学生有了困难也喜欢找我解决。同事们都说：“你们班的孩子和你的关系特别融洽，真是亦师亦友。”

小阳的案例告诉我，班主任工作是一项复杂的工作，在工作中只有爱心和耐心是远远不够的，更多的是需要一种智慧。我们只要找到恰当的方法，对症下药，就能收到事半功倍的教育效果。

和学生一起玩，使我与学生有了许多“共同语言”，使师生间的心理距离更近了，真正让我做到与学生心与心对话、情与情交流。

和学生一起玩，使我与学生有了零距离的接触，能更全面地了解学生，及时发现他们身上的闪光点。

和学生一起玩，使我保持了一颗童心，能以孩子的眼光蹲下来看世界，使我身心变得很轻松，常常忘记工作的劳累。

现实生活中，我们当教师的都是一门心思为学生好，但有时感觉学生根本不买账，有些话掰开了、揉碎了、不厌其烦地对学生说了无数遍，感觉还是说不到学生心里去，为什么？究其原因，就在于面对学生的缺点和错误时，我们总习惯摆出一副高高在上、板起面孔说教的姿态，本来是为学生好，却采用训斥的方式来表达，所以，学生很难接受。只有放下老师的架子，平等地对待学生，晓之以理，动之以情，学生才能心悦诚服地接受批评，并自觉改正错误。

呵护七彩生命

由于遗传因素、成长环境、家庭条件和生活经历有所不同，每个学生在兴趣、爱好、动机、需要、气质、性格、智能等方面都会有所侧重，这意味着学生之间存在着一定的差异。

在一个班级里，我们不能让小草与花儿比香，让小草与大树比高，多发现学生的优点，给他们以希望，这才是真正爱他们的表现。

那年去支教，第一次上课，我发现有个小男孩与众不同：无论我说什么，他总是面带微笑，表情没有丝毫的变化。我夸学生，他笑；我发脾气，他也笑。莫非这孩子就是校方所提到的特殊学生——小吴同学？

心里这样想着，不觉对这个孩子多了一分关注。接着我提了一个问题："你们将来想当什么？"有的学生说当科学家，有的说当演员……该他发言了，只见他慢慢地站起来，笑容可掬而怯生生地说："我想当绿萝花。"话音刚落，全班同学哄堂大笑，可我却笑不出来。"多么有创意的回答呀！"我这样夸奖着，同学们也就不再嘲笑了。

这些特殊学生由于学习成绩、行为习惯差，不被老师和学生看好，在一些人的眼里，他们成了"另类人"，受到来自同伴的冷落。他们犹如搁浅在学海沙滩上的小舟，难以到达知识海洋的彼岸。我暗暗下定决心，一定要呵护这棵受伤的"绿萝花"。

教好每一个学生是教师应尽的义务，让每一个学生都得到发展，也是时代赋予教师的使命，因此，我们应把更多的精力倾注给特殊学生，采取多种办法来帮助他们。

第二天，我到校后听老师们说，前一天晚上小吴没有及时回家，因为放学路上迷路了，家里找到学校，还拨了110报警。多亏巡警看到，并送他回了家。

下午我找到小吴，告诉他："放学后，等着老师，咱俩同路，搭伴回家吧。"以后的一个星期，我都陪他回家。一边走，我还跟他说这是什么标志，那是第几根柱子，这是第几个拐弯，那里路面什么特点。一星期后，小吴对我说："老师，我认识路了，不会再像小羊一样丢了，您放心吧！我爸妈也知道了，非常感谢您！"经他一再恳求，我又在后面悄悄跟了几回，心里的一块石头才终于落了地。看着教室一角的绿萝花，我仿佛感到我们班的绿萝发芽了！

成长中的孩子，让他获得自信心和成就感，比让他获得多少知识更重要！我们要把他们当作一个个完整的个体来看，尊重他们的人格。每一个人都需要人格的尊重和精神的关怀，成长中的孩子更渴望心灵的关怀和精神的鼓励，我们要把他们看作一个"人"，一个大写的"人"。在思想上要一视同仁，不歧视，把更多的关注、更多的情感投向那些极度缺爱、需要爱的孩子。

小吴平时穿着非常破旧，而且很脏。班上很多学生不愿意挨着他坐，整天向他投去轻蔑的目光。他在同学面前抬不起头来，有些自卑。发现这一问题之后，我找他的家长来了解情况，结果一看到家长我就知道应该是他家经济条件非常困难，实在没办法给他买新衣服。于是，我简单地把他最近的情况说了一些，衣服问题一字未提。第二天，我悄悄地拿来一身新衣服，把他叫到宿舍换上。同学们一看，他穿上新衣服也挺干净漂亮，也就不再疏远他了。以后，我经常把家里半新不旧的衣服悄悄送给他，他也常常向我投来感谢的目光。

爱，是开启孩子心灵之门的钥匙。教师对学生的爱，可使学生的自尊得到满足。而良好的师生关系，有助于消除学生学习的障碍，学生会把对老师的情感迁移到学习上，由此激发学习热情，由喜欢教师到喜欢学习。后来，我听学生说，小吴自称"漂亮的小花猫"，听到这个消息，我的心里乐开了花。你看，绿萝花的萝茎细软，叶片娇秀，蔓茎从容下垂，多么美啊！我们班的“绿萝花”正在成长啊！

布鲁姆强调：“有效的教学始于知道希望达到的目标是什么。”就是说教学目标是否能根据学生的认知结构和个性差异而明确、合理地提出来，是教学效果得以实现的基本保证。我们既要满足健全学生学习的需要，又要满足特殊学生特殊的需要，使各类学生在各自的基础上都得到充分的发展。特殊学生作为弱势群体，长期承受着巨大的心理压力，难以拥有健康、快乐、自信、向上的精神生活；由于屡遭挫折，容易产生做什么都会失败的心理，自卑感重，心理极脆弱。因此，帮助他们克服自卑感、树立学习信心，就成为我们时刻需要注意的问题。提高特殊学生的教育质量关键是提高特殊学生的课堂教学质量。因此，我在同一个教学内容上，会提出不同的教学要求，注意因材施教。对普通学生，我明确按照大纲和教材的要求来确定教学目标；对特殊学生则降低要求，减少坡度，使他们能获得成功的满足感，帮助他们克服自卑感，增强自信心。

集体的教育力量是无穷的，因此我还在班上建立帮扶小组，关心特殊学生的学习生活。我经常引导学生主动与小吴相处，不冷落、歧视他。现在，他能听懂一些英语单词，数学也能考到60分左右了。期中考试结束之后，他立刻找到我，脸上充满了笑容，高兴地说：“老师，这次我有两科考试及格了，这回我的愿望终于实现了，真正成了一只聪明的小猪了!”啊?！哦，我想起来了，有一部动画片就是叫《聪明的小猪》。多么可爱的孩子呀！

为孩子们营造一个和谐互动的学习和生活环境，促进特殊学生的健康成长，是我们老师义不容辞的责任。让我班的“绿萝花”沐浴在爱的阳光下，为他撑起一片蔚蓝的天空，此时的他，枝干更粗、叶更绿了。

在特殊学生身上，往往消极因素暴露得比较明显，缺点常常掩盖了他们的闪光点。因此，我们教师除了上好课外，还必须关心、爱护特殊学生。我经常观察小吴，想从他身上寻找闪光点。

一次，音乐老师不经意间的一句话提醒了我：“你们班的小吴音乐天赋挺棒，我弹上句谱子，他能根据旋律唱下句。”说者无心，听者有意。在班上我特意试验了一下，还真是，别的学生唱不下来，可他却能唱得非常好。接着，我又结合图片、视频给他们讲了指挥家胡一舟（小名舟舟）的故事。同学们一看也都惊呆了：智障生也能当指挥家？于是，我抓住这个契机，在班上大力夸奖小吴，让他在同学面前也扬眉吐气了一回。从此以后，小吴快乐地学习着、生活着。一天，他还跟我说："老师，将来我也学舟舟。"说这话的时候，他正站在绿萝花旁边。他已经长大，虽然还有些稚嫩，但已付出了全部努力。绿萝花的片片绿叶仿佛在舞动，在欢笑，在不停地生长。你看它叶形美观，株形飘逸，蔓茎从容下垂宛如翠色浮雕，极富生机，给教室平添了融融情趣。

我想对他说："我们班的'绿萝花'终于开了！而且开得最鲜艳！"我还想说："爱迟开的花吧，因为它更艳！"

学生间的差异无论什么时候都有，过去有，现在有，将来还有。所以，我们应该因材施教、因势利导。

对教师来说，在实际工作中，要把握这样一条原则：你不能让西红柿苗结出苹果来，是西红柿就让它结西红柿，是苹果就让它结苹果，每个果实都有其价值。

教育是一门艺术，只要用心，大家都可以掌握。只要教师的方法得当，每个孩子都能成为英才。

每一朵花都会绽放

作为一名教育工作者，在实际工作中，我们要尊重学生的个体差异，针对每个学生不同的个性特点寻找对其有利的因素，最大限度地挖掘学生的潜能。

在支教的过程中，我所教的班有一名令许多老师不知所措的特殊学生，他叫李一平（化名）。这个孩子患有癫痫病，自制力很差，课上从来不听讲，随意说话、唱歌、去厕所，搅得全班不得安宁，使同学们无法正常学习、生活。有人认为这样的学生应该到特殊学校去上学。难道真的要放弃他吗？不，他毕竟是一个孩子，而且是一个患有疾病的孩子，他需要的是老师的关心与帮助。于是，我找班主任进行沟通。李一平的班主任告诉我，这孩子小时候是一个活泼聪明的孩子，由于受了惊吓而患了癫痫病，之后就变成了现在的样子。他在家中也是坐不住，经常与父母顶嘴甚至动手，家人对他也是无可奈何。

了解到这一情况之后，我利用休息时间，在图书馆查阅了很多关于引发儿童癫痫病的原因以及对癫痫儿童应该怎样教育的资料，同时，我还就相关问题请教了一位从事特殊教育工作的好友。我认识到，对于这样的学生，教师在教学中要一视同仁。除了严格要求之外，还要多给这些学生一些关爱，不让他们受到歧视和惊吓，创造一个民主和谐的学习、生活环境，让他们感受到集体的温暖。

在以后的教学中，我呼吁同学们伸出援助之手来关心和帮助李一平。由于患病，同学们都歧视他，孤立他，使他根本感觉不到集体的温暖，也让孤僻的他更加放纵了自己的恶言恶行，经常违反校规校纪。针对这种情况，我和班主任商量召开班会，让同学们分析该如何帮助李一平，大家都献计献策。之后，大家转变态度，都积极帮助李一平，课上与他一同学习，课下一同玩耍。经过一段时间的努力，他有了很大的进步：课上能举手回答问题了，课下违反校纪的次数也少了，有时小脸上还洋溢着快乐的笑容。

接下来，我要捕捉他身上的闪光点，用欣赏的眼光来看待他，帮助他获取更大的进步。我发现，他很聪明，课上发言也很积极。于是，我经常创造一些机会让他来回答问题。当他回答对时，同学们会为他鼓掌表示祝贺。李一平获得成功的体验，高兴得手舞足蹈。这时，我及时找他谈心："其实你很聪明，也很懂事，老师和同学们都喜欢你，今天课上你的发言也很精彩。如果你能主动写作业，那就更好了，能做到吗?"李一平轻轻地点点头。对于这种特殊儿童的教育其实是一件非常艰辛的工作，需要付出坚持不懈的努力。李一平还是会时常违反纪律，我总是很耐心地给他讲道理、做思想工作，在生活中，也时时处处以一个长辈的身份去关心、呵护他。经过一年半的努力，他虽然依旧不能像正常儿童那样学习和生活，但是总体上比过去有了很大的改善，也能与同学们友好相处了。

回顾对李一平的转化过程，我认为爱心与欣赏是帮助他成功转化的两大支柱。

第一，教师必须有爱心。我国近代教育家夏丏尊说过："教育之没有情感，没有爱，如同池塘没有水一样。没有水，就不成其池塘，没有爱就没有教育。"作为一名教师，要搞好教育工作，首先要有一颗赤诚的爱心，用爱的甘露滋润孩子们的心田，用爱心鼓起他们的信心和勇气。对于那些学困生，特别是特殊儿童，教师应给他们更多的爱，经常鼓励、帮助、督促他们，使他们增强自信心。

第二，教师要善于挖掘学生的潜力。每个学生身上都有优点，学困生、特殊儿童也并非一无是处，对于他们身上表现出来的哪怕是很微弱的闪光点、很微小的进步，教师也要及时给予肯定。尽量挖掘其闪光点，毫不吝啬地予以赞美，满足他们需要肯定的心理需求，使他们产生快乐、幸福的内心体验，增强荣誉感、自信心、上进心，从而提高学习的兴趣和内在的动力。

在教师的心目中，不应该有坏学生，只能有心智发展不成熟的学生，学生成长道路上所犯的错误，就像学习走路的幼儿跌跟头，绝大部分跟道德品质没有多大关系。不要埋怨学生，当教育教学效果不如意时，教师应先检视自己。教师要关注每一位学生，公平对待每一位学生，学生对教师公平的期待远远超出我们的想象。每一位学生都有一个世界，教师要十分小心地呵护每一位学生的世界。

每一个人的智能结构都是独特的。所谓“差”，只是因为某方面不是他的强项，或他在某一方面的潜能还有待发掘。

有一首诗我特别喜欢：

我是孩子天性的守护神，每个孩子都是充满灵性的天使！

我是爱的守护者，让孩子知道这世界充满爱！

我是美的化身，让孩子看见美的力量！

我是知识的探索者，和孩子一起走向未知的世界。

我是孩子们的朋友，总是和他们在一起！

作为教师，我们要相信每一朵花都会蓬勃绽放。在实际工作中，我们要用爱心去浇灌、用智慧去培育，让我们的学生健康成长、精彩绽放。

教育有时需要等待

教育是塑造心灵的工程，不可能一蹴而就，不能急于求成。

当学生犯了错误时，我们绝对不能着急上火，不能二话不说就严厉批评，而是要静下心来坦诚地和学生谈心，这就像给学生端来一盆清水，让他先洗净他思想上的尘埃。然后，就是面对他，微笑着，慢慢等待他自我改正。

教育对于学生的唤醒、激励和鼓舞有着一个较为漫长的过程。一个学生，从他第一天踏进教室到毕业时走出校门，走过的是一段极为漫长的路。这就好像一盆刺槐，由播种到发芽，到长出绿叶，再到开出漂亮的花来，这中间需要施肥、培土、浇水、驱虫，除此之外，必不可少的还需要静静地等待。

开花需要等待，教育何尝不是如此？教育更需要教育者等待，需要教育者“袖手无言味更长”的含蓄和智慧，需要教育者以更多的耐心去等待学生的改变。因为学生接受教育是将外在的教育内化为自身的素养，所有一切均在潜移默化中进行，这个过程需要等待。等待是一种艺术，更是一种境界。

由此，我想到了曾经在网上看到的著名教育专家王晓春老师写的一篇文章，大体内容是这样的：

20世纪70年代末，一个年轻的日本人开了间20平方米的小杂货店。由于资金缺乏，他店里的货物品种不多，顾客稀少。按照当时普遍的经营方式，杂货店一般到夜里11点就都关门了。一天夜里，年轻人忙着清理货架准备关门，进来几个买东西的人，年轻人接待了他们。这些人走后，年轻人索性在店里多待了一会儿，结果又来了几名顾客。后来，这个年轻人改变了营业时间，每天营业到午夜12点，比一般杂货店延长了1小时。渐渐地，他的小杂货店成了附近单身人群夜间购物的首选地点。一年后，小杂货店渐渐扩大，营业总额达到2亿日元！这个叫安田隆夫的年轻店主趁势发展分店，生意越做越大。时至今日，他在日本已拥有50多家分店，2002年，总营业收入达到1148亿日元！事情就这么简单地发端于20年前一个深夜的1小时的“等待”。在这里，等待成就了这位年轻人。

回味这个故事，联想到自己的教育经历，我颇有感触。我们所面对的学生，是一个有差异的群体，他们当中有的接受能力强，有的接受能力弱，有的做事、学习动作迅速，有的做事、学习磨磨蹭蹭。而我们在教育过程中，往往提出的是整齐划一的要求，那些智力平平的孩子很难短期内达到要求，于是我们就对他们失去了信心，缺少应有的等待，使他们丧失了学习的自信，这是很可怕的一种教育不公平现象。最近，我班上刚来了一位学生，他上课回答问题踊跃，思维也敏捷，就是做作业拖拉。别的学生这次作业做完了，他上次的还没有做好。因此一到检查作业时，他就手忙脚乱，紧张得不知做什么好，就要到厕所去。对这样的学生怎么办？我没有批评他，而是静静地细心观察和等待，鼓励他说：“你上课发言积极，会动脑筋，一定能适应新的学习环境。”一段时间后，我发现他脸上的笑容逐渐增多了，每次课堂上与他目光相接，他也不再躲躲闪闪，而是有了稍许自信，更可喜的是，他能按时完成每一次作业了。由此，我深深地理解了教师的等待有时候对一个孩子，尤其是学习有困难的孩子是多么重要！是等待让他重新找到了自信，看到了希望。

园丁把对花儿的爱蕴含于等待之中，花开之前，他俯身丛中，浇水松土，精心呵护，守候花期，于是这种等待收获了万紫千红、百花争艳；果农把对果树的爱浸透于等待之中，穿梭林间，剪枝施肥，悉心照管，渴望成熟，于是这种等待换来了满园飘香、果实累累。爱需要等待，等待也是一种爱。

“十年树木，百年树人。”植物的生长有其自然规律，需要耐心等待其生根、发芽、开花、结果，何况是育人这个长期、系统、复杂的过程？作为育人者，我们更要怀有一颗爱心，耐心等待。

关注问题学生背后的问题

每个学生的家庭背景不同，成长环境也不同，每个问题学生的背后都有许多鲜为人知的故事。

作为一名老师，尤其是班主任，我们不能只看到学生的表面，而应该多走进学生的心灵深处，探索那些隐藏在他们表象背后的问题，只有这样，才能从根本上解决问题。

“王老师，科学老师让您去教室一趟。”“怎么了?”我从办公桌上抬起头问道。“李艳（化名）又打架了。”我赶紧走到教室门口，学生们都静静地坐在自己的座位上看着科学老师，而科学老师正愤怒地瞪着教室的一边。我看过去：一个漂亮的女孩叉着腰，也气势汹汹地和老师对视着……“来，李艳出来，我和你说点事。”我心平气和地对她招招手。她看着我，犹豫着，我微笑着等她，她冲着科学老师和同学们“哼”了一声走出教室……原来，刚上课课代表发本的时候不小心把她的本子掉在了地上，她立刻大嚷大叫，不依不饶，虽然课代表道歉了，老师也劝解了，可课还是上不下去：“不行，怎么就把我的本子扔在地上，就是欺负人，不行!”说着还把课代表桌子上的东西全部推到地上……

这就是李艳，谁要是惹到她，不管是有意还是无意，不管是课上还是课下，不管是男生还是女生，她都会不依不饶，次次如此。周围的同学都见而避之，不愿也不敢和她一起玩耍。刚开学一周，这已经是第二次扰乱课堂纪律了。刚开学不久，我就旁敲侧击地警告过她，但好像没有效果，看架势她更像是在向我这个班主任示威似的……

这个女孩子为什么这样呢？原来在她上小学一年级时母亲就因病去世了，父亲和姥姥家在财产方面发生争议，不仅闹上法庭，而且让年幼的李艳和他们对簿公堂，过早地让她体验到了人情冷暖。后来父亲再婚，特别怀念妈妈的她由于对后母有着很深的抵触心理，所以逆反心理非常强，在家和父母对着干，在学校也认为谁说什么、干什么都是针对她，所以吵嘴打架就成了常事……通过观察与了解，我发现这个女孩其实是个善良、热心、自尊心强的孩子，由于受家庭环境的影响，所以才在学校表现出像刺猬似的到处扎人的样子，其实是外表强悍内心脆弱。

这样的女孩如何让她把钢针一样的外表揭开，露出柔软善良的本性呢？为此我做了如下工作。

第一，平等视人，让其自觉修正。这样的孩子虽然盛气凌人，但因为家庭的原因也有被欺负的时候，所以每次出现问题时，我总是让双方都先冷静冷静，各自反思自己错在哪里，绝不贸然因为对方是平时老师眼里的好学生或李艳经常犯错误而武断地认为错的一方一定是她，进而劈头盖脸、不分青红皂白地对她乱批评一顿。针对事件，谁是谁非，我评判得公平公正，让她对老师的抵触心理慢慢减弱了，无理搅三分的次数也减少了，即使犯错误，也会自觉认错、道歉了。

第二，严慈相济，让其学会做人。在日常学习与生活中，我会给予她更多的微笑、爱与宽容，但绝不是时时处处袒护她，让她不辨是非。对于严重错误，我绝不姑息。学校里是这样，家里也是这样。随着时间的推移，她对我有了一定的信任，会经常找我聊她在家里和后母的一些不愉快，我总是认真倾听，帮她分析。如果是长辈的问题，我会通过电话或见面的方式和他们沟通，让他们能更好地了解她的心理，避免更多的冲突；如果是她的问题，我会严肃地与其讲道理，跟她讲父母的不易，让她学会尊敬家长、宽容待人，通过有效沟通，拉近我们的距离。

第三，帮她树立形象，使其建立信心。她满身的硬刺不仅让周围的人不舒服，她自己也很难受。为了改变这种状况，让她在学校生活、学习得更快乐，我从两方面入手：一是引导她树立好学生的形象。李艳是个聪明的孩子，只是不写作业、不听讲的坏习惯使她进入了学困生的行列。于是我课前先给她讲，课上多提问，答对及时表扬，渐渐地，她有自信了，对学习也有兴趣了，成绩当然也越来越令同学和老师刮目相看。二是师生互动。在课下我找了几名班干部，给他们讲李艳和她家里的一些情况，让他们理解李艳打架骂人实际上是缺乏安全感的表现……同学们了解了、理解了，误会也就越来越少，宽容越来越多，教室内外经常响起她和同学们愉快的笑声……

一年的时间转瞬即逝，虽然她还不时地犯些小错误，但我觉得她在努力改变自己，这就是进步！虽然不是每一个学生都能成长为参天大树，但我们教师也应该付出努力、劳动，使那些“灌木丛”“小草”也能生机勃勃地成长，因为他们同样能为大地增添一抹绿意。

作为一名教育工作者，看到学生的不良行为，我们不能只是痛心，不能只是批评指责。我们应该反思我们的教育有没有真正走进学生的心灵深处。

弗洛伊德说，每个孩子在心理上都存在一座“冰山”，我们所能看到的孩子的行为，只是露出水平面的很小的部分。

弗洛伊德的话给了我一个重要的启示：在实际工作中，要取得良好的教育效果，就必须通过表面的行为去揣摩孩子行为背后的感受、需要和渴望，要关注问题学生背后的问题。

亦师亦友亦伙伴，至真至善至高远

一直以来，我认为教育的关键在于管理，然而在北京市第十一中学分校工作的这段时间，尤其是通过与住宿学生的朝夕相处，我感觉好的教育在于对学生的开导和启迪。这需要我们换位思考，转变教育理念，尊重学生的个体差异，不能让我们培养的学生都如同一个模子刻出来的。为此，我们应该放弃管理者的身份，重拾教育者的责任。

传统的教育里，管理者要求学生听话，一般不允许学生有自己的观点或见解，要求大家按统一的模式、统一的标准遵守校纪校规，用同一方法解决学习、生活上的问题。

很多人认为这就是教育，可我认为这不是教育，而是管理。这样的“教育”与老板管理员工、将军管理士兵、园丁管理苗木有何不同?

这样的“教育”所导致的后果是，师生关系紧张，教师费尽心力教育效果却不佳；学生的思维方式、见解、知识层次趋同，很少有自己动手去发现、去创新的意识与实践；学生个性的棱角逐渐被磨平，创新能力也越来越弱。

如果教师认为自己是管理者，就容易站在管理者的角度，要求学生对自己必须言听计从，自己的权威不容置疑，从而可能造成更极端的后果。这不是危言耸听，由此导致的严重教育事故不胜枚举。这些事故发生的导火索，可能是学生迟到、上课说话、没完成作业等一些小事。把这些小事演化为事故的，往往是教师。因为我们有些教师认为自己是管理者，有着不可侵犯的权威，谁不服从管理，就可以“管理”谁。

如果把我们的身份定位为管理者，那学校就像公司、军营一样，学生就是我们的员工、士兵，上学是他们必须完成的任务。完不成任务，就会被批评、惩罚。

事实上，教师并不是管理者，学校也不是公司、军营，教师是教育者，教师的义务、职责是教育，管理不是教师的主要职责，教师没有权利对学生进行强制管理，只能教育。

很多人把教师比作园丁。园丁的工作是修剪枝叶，不管好的坏的，只要是多余的、有碍于整体的、看不顺眼的枝叶都要剪掉。但学生不是植物，每个学生都有自由发展的权利，没有人能够剥夺这一权利。

教育的目的不是修枝剪叶，不是要把学生训练得一模一样，完全符合人们心中好学生的样子。教师的作用更像是太阳，要让每一棵小树自由茁壮地成长，让每一个学生健康充分地成长。

学生犯了错时，我们经常采取责问、训斥、罚站等做法。这样的做法学生根本不认同，会从心里抵触，试想一下，这样的教育怎么会有效呢?难怪很多教师在教育学生之后，收不到预期的效果。他们觉得委屈，“好心没好报”。其实，这样大动肝火的“严管”，不如宽容、谅解和体贴入微的感情上的感化效果好。

学会换位思考，才能理解学生，而只有理解学生，才有可能促使学生进步。换位思考是沟通师生内心世界的一座桥梁。教师换位思考，就是在心理上扮演学生的角色，把自己当成学生的同龄人，站在学生的角度去体验他们的切身感受。

“己所不欲，勿施于人。”对自己的学生更应如此。如果我们遇到问题能够站在学生的角度来思考，就会多一些理解和宽容。多换位思考，才能理解作为教师不可能理解的事情，才能真正理解学生的要求和想法，理解他们的幼稚和天真。换位思考可以使师生感情融洽，促使学生以同样的爱回报教师，把满腔热情投入到学习中，学习成绩就会得到意想不到的提高。

管理是硬的，教育是软的。每个学生都有自己的个性，我们不可能也不应该去驯化他们，使他们都变得相同。教育的目的在于开导和启迪，我们要学会换位思考，柔软一点，去探索学生的想法和内心，对学生进行正确的引导。

换位思考也是自我调节情绪的一种好方法。作为教师，如果能在过激情绪出现之前，先设身处地站在学生的角度思考问题，体验学生的情感，就能有效控制自己的情绪，更好地处理教育教学中遇到的棘手问题。

让我们放弃管理者的身份，重拾教育者的责任。转变教育理念，真诚友善地对待学生，亦师亦友亦伙伴，至真至善至高远，让学生在学校中幸福快乐地学习、生活。

第四章

守望教育殿堂

作为班主任，应该以自己的人格启迪学生，以自己的品德熏陶学生，以自己的言行引导学生，以自己的诚心赢得学生，以自己的精神鼓励学生，以自己的知识哺育学生，以自己的智慧塑造学生。

——班主任心语

尊重是教育的基础

美国著名教育心理学家布鲁纳说，教育最重要的是在师生之间建立一种民主、平等、和谐的人际关系。教师要尊重学生、爱护学生、平等地对待学生；要尊重学生的人格，尊重学生的情感，尊重学生的隐私，尊重学生的差异；没有尊重便没有真正意义上的教育，尊重是教育的基础。

2009年第12期《班主任》杂志上，房玲老师的一篇文章《让孩子不再蹲着》，对我触动很大。

一日，同办公室的一位数学老师叫来一名男生后，拉过一把椅子让他坐下，一连说了四五遍，那名学生却始终没有落座。在老师一再坚持下，该生怯怯地说了一句："我蹲下。"然后真的蹲下了。这一幕让站在一旁的我吃了一惊，我不禁扭转头仔细观察，发现这名学生身材魁梧，大约1.75米的个头，而他的脸上满是委屈、惶恐、无助、自卑、茫然，两眼噙满了泪水，完全没有大男孩应有的自信、朝气和活力。后来，据老师介绍，他刚从外校转入，和他同龄的孩子早已上初中，而他因为学习成绩太糟糕，至今没有完成五年级的课程。在班里，他个头最高，但也是同学们最瞧不起并常常讥讽嘲笑的对象。

孩子那双噙满泪水的眼睛不时在我眼前闪烁，每一次闪过，我的心都不由得一阵抽搐。是什么使他如此自卑？是什么使他认定自己比别人矮一截、低一等？很显然，是成绩！在我们这些老师的"循循善诱"和家长的"反复叮咛"下，学习成绩已经成了孩子们不能承受之重、不能拒绝之重、不能逃避之重。这种压力可能压垮他们的身心，扭曲他们的灵魂，摧毁他们的人格。

这个孩子是否曾受过老师的冷遇、不公与不尊重，我不敢妄加推断。但我敢肯定，这个孩子对自己的定位与认识，绝对不是与生俱来的；同班同学对他的态度，也绝对不是无缘无故的。

心理学研究表明，孩子年龄越小，对自我的认知就越依赖别人的评价。而小学生对同伴的态度，很大程度上会受到老师的影响。一位教育专家说过：一个人哪怕天生资质聪慧，如果一日3次对他说“你是一个笨蛋”，那么用不了多久，他就会真的变成一个笨蛋。从这个身高1.75米的大男孩极端不自信的表现中，我们完全可以推断出他曾经受过怎样的白眼、怎样的冷嘲热讽与挖苦打击，经历过多少痛苦与煎熬！如果一个人连端端正正坐着的勇气都没有，又怎能堂堂正正地站着？怎能成为家庭的支柱、国家的栋梁、民族的脊梁？

孩子是祖国的未来和希望，我们怎样才能让他们茁壮成长，不再怯生生地“蹲”着？有这样一个小故事，也许可以给我们一些启发：在美国，一个颇有名望的富商散步时遇到一个卖旧书的年轻人，他缩着身子在寒风中啃着发霉的面包。富商怜悯地将8美元塞到年轻人手中，头也不回地走了。没走多远，富商忽又返回，从地摊上捡了两本旧书，说：“对不起，我忘了取书。其实，您和我一样也是商人！”两年后，富商应邀参加一个慈善募捐会时，一位年轻书商紧握着他的手，感激地说：“我一直以为我这一生只有摆摊乞讨的命运，直到您亲口对我说，我和您一样都是商人，这才使我树立了自尊和自信，从而创造出今天的业绩……”每个人都有得到信任与尊重的需要，“我和您一样都是商人”这句充满尊重、激励、期望的话，像黑夜中的一盏明灯，照亮了年轻人前进的方向，点燃了他发奋努力摆脱现状的信心，唤醒了他积极进取、不断前行的内在要求……这就是尊重的力量！

无数事实证明，老师无意中的一个微笑、一个充满爱意的小动作、一句欣赏赞美的话，都有可能让学生终身受益。德国教育家第斯多惠说过：“教学的艺术不在于传授的本领，而在于激励、唤醒、鼓舞。”殷切的希望、耐心的教导是一种激励；动之以情、晓之以理是一种激励；真诚的批评与表扬也是一种激励……少一些讽刺挖苦，多一些唤醒和鼓舞吧，在你的激励下，所有的孩子都会变得非常出色！

俗话说："树怕伤根，人怕伤心。"学生的自尊心是花瓣上的露珠，是自爱、自强的源泉，是积极向上的动力，需要老师的呵护。如果学生的自尊心受到伤害和摧毁，就会产生被抛弃的消极情绪，从而不思进取、自甘堕落，丧失努力的勇气和热情。

尊重是建立在民主基础上的爱的诠释。谁懂得了尊重，谁将领悟到教育的真谛。

在我实习的班上有一个叫刘鑫跃（化名）的学生，她父母在外地打工，只有奶奶一人照顾她，奶奶的溺爱，让她养成了懒惰的习惯，学习习惯不好，上课不遵守纪律，对学习缺乏兴趣和信心。课上，她注意力不够集中，经常开小差；课后，她不能按时完成作业。对该学生，我做了以下工作。

第一，适时鼓励，使其树立信心。一次检查背诵时，其他学生都会背诵了，只有她不会。下课后，她没有抓紧时间背诵，而是和后面的同学说笑起来。没有一点儿上进心，这样哪能学好啊？于是我走过去想问问她"究竟想不想学习了"。当我走过去时，听到她在给后面的同学讲故事，于是就静静地在旁边听着。听完后，我问她："这个故事是谁教给你的？"她得意地说："我从书上看到的。"这时，我想到"对一个学生的一点儿优点就肯定表扬，那么长此以往学生受到的表扬多了，其思想品德、纪律、成绩就会越来越好，因为表扬能使学生扬长避短，促使他们不断进步；相反，如果学生经常受到批评，便会失去信心，自暴自弃，很难进步"。于是我赶紧说："哦，能把书上的故事背下来，讲给别人听了。你真棒！那咱们今天要求背诵的课文，老师相信你也一定能背下来，讲给老师和大家听。"她听完后，用力地点了点头。第二天，她主动找我背诵之前没背过的课文，而且背诵得很流利。我立即在班上表扬她："刘鑫跃同学自己会主动学习了，不但会背诵，还会给大家讲有趣的故事，我们应该为她的进步鼓掌。"从那以后，每次背诵她都非常积极。教师和家长一定不要吝啬对学生表扬，尤其是对行为习惯较差的学生，我们要善于发现他们身上的闪光点，以此作为教育的契机，及时对他们加以表扬，促进他们把缺点转变成优点。同时还要抓住他们的点滴进步，不断鼓励，以使他们取得更大的进步。

第二，用爱心温暖学生。教师不但要在学习上关注每个学生的情况，更要在生活上关心他们。有一次，刚上完课，刘鑫跃不小心碰了鼻子一下，流鼻血了，我急忙跑过去，一边帮她止血，一边安慰她说："不要害怕，有老师在，不会有事的。"听到我的话，刘鑫跃紧张的情绪慢慢缓和下来。简单处理后我把她送往医务室治疗。医务室医生进一步检查后说没事了，只不过她鼻子的血管壁有些薄，以后注意不要乱碰。听了这话我也放心了，于是微笑着对她说："老师说过不会有事的，是不是？记住，以后不管有什么事，都要告诉老师，老师会帮你一起解决的，相信老师。"从那以后，沉闷的她变得开朗了，不再总是躲着老师，课下还很爱问我问题或和我聊天。

第三，建立同伴互助小组，发挥"小老师"的作用。学生之间是存在差异的，有的做事很拖拉，有的做事很积极；有的接受能力强，有的接受能力较差。课堂时间有限，教师很难照顾到所有学生。因此，我在班里建立互助小组，选拔小组长，让其带领小组成员进行合作学习，在学习过程中互助互学共发展。小组长还要发挥"小老师"的作用，及时提醒、指导、帮助同学。各小组之间不但在学习方面，在纪律、卫生等方面都可以比一比，并对表现好的小组进行奖励，从而激发学生学习的积极性，提高学生的学习效果。

经过教师、家长、同学的共同帮助，刘鑫跃上课敢于主动回答问题了，不会做的作业也能主动问老师和同学了，不仅学习的主动性提高了，作业书写也比以前工整了许多，与同学的关系也融洽了，成绩也有了很大的进步。

尊重意味着信任、理解、宽容和接纳每一个学生。正如世界上没有完全相同的两片树叶一样，人也是有差异的。作为教师，对学生，我们要不抛弃、不放弃，用爱心与耐心去感化和教育他们，让每一个生命都精彩。

苏霍姆林斯基说过："儿童的尊严，是人类心灵里最敏感的角落，保护儿童的自尊心就是保护儿童的潜在力量。"

大量事实证明，尊重可以激发学生的内在动力，促进学生自我成长。

一个学生就是一个世界

北京市史家小学特级教师万平老师说："以自己的努力，使我的每个学生都获得益处，以至于对他的一生产生积极的影响……"教育是教师与学生零距离、多角度、全方位的生命互动：我们唤醒心灵，我们期待成长，我们引导生活，我们创造可能，我们弥补缺失，我们给予力量，我们成全孩子、成就自己！

小兰的父母离异，她和父亲、爷爷奶奶一起生活，母亲从未回来看过她，她对母亲的印象很模糊。特殊的家庭环境和生活经历使得小兰的自尊心极强，喜欢斤斤计较，且爱慕虚荣，学习成绩差。

为此，我利用班级开展的丰富多彩的文体活动、班队会等，鼓励其敞开心扉、发挥特长、增强自信。还鼓励同学们在她生日时给她写一封信，让她感受到集体的温暖。

有同学反映，小兰经常在校门口的超市买零食和小玩具，带到教室。于是我联系了小兰的爷爷，与其做了进一步交流。因为父母离异，爷爷奶奶总觉得孩子可怜，所以，尽管家庭条件不是很好，但在生活上、学习上总是尽量满足小兰的要求。经过与老人推心置腹的交谈，我让他明白了：孩子只有一个，谁都看得很重，这可以理解，但疼爱孩子要放在心里，家长要把握尺度，不能纵容孩子的虚荣心；做人比做事更加重要，孩子品德的培养至关重要，足以影响孩子的一生。

一天课间，我发现小兰坐在座位上，低着头，闷闷不乐的。询问后得知，最近她的父亲下岗了，整天无所事事，也不去找工作，家里只有爷爷一个人在赚钱维持生活。我安慰她说："家里的困难是暂时的，别担心。俗话说，'宝剑锋从磨砺出，梅花香自苦寒来'。一个人的生活不可能是一帆风顺的，磨难是人成长道路中的财富。最近我不是布置了一篇作文《爸爸妈妈，我想对你说》吗？你的作文向来是全班最好的，能否借这次机会把心里话向爸爸倾诉一下，感谢一下爸爸多年来的养育之恩，告诉他你的志向，将来一定会让他以你为傲，使他重新鼓起生活的勇气？"听完，小兰的眼圈红了，她懂事地点了点头。几天后，小兰脸上出现了久违的笑容。她开心地告诉我，爸爸开始出去找工作了，爷爷奶奶开心极了。

如今的小兰早已摆脱了自私、任性，她会利用课余时间，主动给同桌补课；劳动时，也总是挑最苦最累的活儿干。

一个学生就是一个世界，在这个世界里，自有他的丰富内涵：有的细腻，有的粗放；有的外向，有的内敛；有的亲切，有的疏远。对于学生，我们不能要求他们都一样，我们应该尊重学生的意愿，了解他们的内心，引领他们健康成长。

每个学生都有属于自己的世界，教师只是引导者，不是复制者，学生更不是复制品，他们有自己的想法，或许他们也在规划自己的人生。

不要和青春期的学生较劲

青春期是学生成长的关键时期。这一时期的学生既充满生机与活力，又充满各种心理矛盾和冲突。他们表现出强烈的独立自主意识，希望自己的事自己做主，但由于心理发展还不稳定，情感、个性还不成熟，受到挫折容易自暴自弃。作为老师，尤其是班主任，要正确引导学生，千万不要和青春期的学生较劲。

张山（化名）给人的感觉是顽皮可爱，但性格倔强、固执，做事不计后果；自由散漫，缺乏自制力；喜欢标新立异；遇事情绪化，易冲动；有逆反心理，虚荣心较强。

经过多次与他交谈我了解到，在他小时候，父母经常争吵，后来父母离婚，他跟着父亲生活。父亲到北京打工，又成了家，所以很少管他，导致他情感缺失，逆反叛逆，养成了一些不好的习惯。

尽管他存在这样那样的问题，但我认为他的本质还是好的。如果对他进行耐心的引导和帮助，他是会改变的。

针对张山的问题，我做了以下努力。

第一，在学习上多关心、多指点。针对他没有良好的学习习惯和有效的学习方法的问题，我进行了有针对性的指导。如根据其实际情况合理布置作业，只要他有点滴进步就及时给予肯定、鼓励，使之坚持不懈，逐渐克服懒惰贪玩的坏习惯。当他觉得老师在关心、爱护他时，再与他谈学习、生活、家庭、人生，使他对生活充满希望，对人生有新认识，从而树立起学习信心。

第二，分析原因，帮助其培养良好的行为习惯。当他犯错误的时候，我认真帮助他分析错误的原因，和他一起找出问题所在。同时，给予他温暖，使他感受到老师对他的关爱，这有利于他形成良好的行为习惯。

第三，保护其自尊心。在教育的过程中，我始终坚信“人是可以改变的”。为此我满怀期待，倾注耐心，尊重他的人格，平等地对待他，不厌恶歧视、不粗暴训斥、不冷嘲热讽，晓之以理、动之以情，使他感受到老师对他的信任、关爱、尊重和期待。渐渐地，他恢复了自信心，消除了自卑心理和抵触情绪，愿意接受老师和同学的帮助。

第四，创造契机，树立自信心。为了及时了解、掌握他的内心世界和行为表现，进行有针对性的教育，我通过个别谈话、与家长沟通、表扬鼓励、正面疏导、指明方向等方法，发现他身上的闪光点，及时加以肯定、鼓励。我从肯定小成绩、小进步入手，让他品尝到被赞许、被表扬的快乐，使他树立起自信心。在他通过努力取得成绩时，我一方面及时给予肯定，一方面又提出新的目标，循序渐进，引其进步。由此他看到了希望，激发了进步的内在潜力，树立了不断进步的信心。

第五，架起爱的桥梁，让他感受到来自集体的温暖。同学的帮助对他来说是必不可少的，有时同学的力量甚至超过老师的力量。我先找几个班干部谈话，让他们平时多和他接触，班级活动多让他参加。为了更好地帮助他，我特意安排了一个责任心强、学习成绩好、乐于助人的同学和他做同桌，目的是发挥同桌的力量，在学习和生活中帮助他、引导他。

第六，多方协调，不厌其烦。他的问题显然不是一朝一夕就能解决的，实现转化的过程具有反复性，要耐心等待，要有长期的计划和打算，要根据变化不断地调整方法。我与家长密切配合，步调一致地对他进行教育。反复抓，抓反复，对他的教育，我做到了不厌其烦。

经过一个学期的努力，张山在各方面都有了很大进步，上进心、自信心增强了，学习态度端正了，与同学、老师的关系也融洽了许多，整个人的精神面貌有了很大的改观。

在教育张山的过程中，我认识到一点，就是不要和青春期的学生较劲，要和学生交朋友，这样才能取得良好的教育效果。

青春期是一个特殊时期，学生在这个时期的发展是非常复杂而又充满矛盾的。其主要特点是身心发展不平衡，成人感和半成熟现状之间的矛盾以及这些矛盾所带来的心理变化和行为变化比较明显。

青春期的孩子做事容易冲动，此时的孩子，需要有人理解，需要有人为其解惑。在其心灵成长过程中，孩子的愤怒需要宣泄、需要释放，释放出来才会减轻心理上的郁结。

作为班主任，我们要正确对待青春期学生的一些特殊行为，用心去理解他们，了解他们的心理，了解他们的想法，了解他们的需求。千万不要把青春期学生的行为轻易归结为道德问题。

多一些引导，少一些控制

在传统教育理念下，教师总希望学生规规矩矩、唯命是从，然而，实际情况却让教师们颇感头疼。

学生是成长中的人，他们不可能像成人那样成熟，所以，在他们身上总会时常出现这样那样的问题。作为教师，尤其是班主任，在面对学生出现的问题时不能大惊小怪，更不能气愤难平，而要对学生进行正确引导。

我们班有一个学生叫小宇。虽然他学习成绩优异，但却没有同学愿意和他交往，这是什么原因呢？我对他进行了观察，发现他是一个比较自私的孩子：下课后有同学问他问题，他理也不理；大扫除时，他不是躲开了，就是简单地比画比画做样子给老师看。针对这个学生，我做了如下尝试。

第一，针对他在学习上表现出的自私，我特意对他委以重任。我让班内一名学困生——小丽与他结成一对一互助小组，并要求他完成老师下达的任务：期末考试时让以前考试成绩不及格的小丽每门功课都及格。小宇接受任务后，明显感觉到了自己身上的担子很重，他不再只顾自己，不但对小丽提出的问题有问必答，还主动地给她讲题。时间长了，我发现其他同学问他问题时，他也会耐心地讲解，从未拒绝，他从为同学讲题的过程中找到了自身的价值，不仅不再拒绝同学的请教，反而乐于帮助同学解答问题了。

第二，针对他在劳动中表现出的懒惰，我采取了身体力行的办法。我首先在大扫除时给他分配任务——擦我们班负责的环境区水房的地。打扫间隙，我特意去看他，发现他又蹲在地上，手里虽然拿着抹布，却不见擦一下。见此情景，我轻轻地走过去，对他说："干累了吧，来，老师帮你擦吧。"于是我特别费劲地蹲下身（我因有腰椎间盘突出，弯腰十分困难，更甭说往下蹲了，学生们都知道我是在坚持上课）。小宇见此情景，不好意思地抢过抹布说："老师您别擦了，我来吧！"我想这正是教育的最佳时机，就对他说："没关系，老师觉得劳动最光荣了。老师小的时候就特别爱劳动，当时，我觉得父母上班挺辛苦的，就在家里做些力所能及的事，父母甭提有多高兴了。在学校里，老师也很爱劳动，经常受到老师的表扬。而且和同学们一起干活，一点儿都不觉得累。每当看到自己的劳动成果，都特别开心、自豪。"小宇认真地听着我的讲述，慢慢地把我扶起来，什么话也没说，就蹲下身用力地开始擦地。从那以后，每次参加劳动小宇都非常认真，从未偷过懒。通过这件事我体会到，教师的示范作用对学生的影响还是巨大的。

现在的学生大多数在家里都被全家人宠着，所以容易以自我为中心，形成较自私的心理。教师可找一些能培养良好品格的书让学生读，让学生在读书中领悟如何做人；也可以创造机会让学生去帮助别人，培养他们的同情心，使他们善解人意、乐于助人，和同学团结友爱、互相帮助，互相信任和关心，建立良好的同学关系。

劳动对一个人的成长意义深远，针对现在的学生比较懒惰的现象，家长要转变思想，教师要努力想办法，培养学生的劳动意识。有美国学者认为，影响学生道德学习的因素有很多，但是起决定作用的还是行为主体的观察或对榜样的模仿。所以我针对小宇不爱劳动所采取的身体力行的方法也是一种可取的教育方法。不论什么教育方法，我们都要为一个目标而努力，那就是要培养学生热爱劳动、吃苦耐劳的精神。

控制是一种奇妙的东西，它是一种本能，隐藏在每个有思想的物种体内，人更甚之。在家里，父母想控制孩子；在学校，老师想控制学生，虽然他们的初衷都是爱。

当孩子有了自主意识，有了自我控制能力，慢慢地能够自己管理自己，并主动去做一些事情的时候，我们的控制就会与孩子的行为产生不可避免的冲突。

现在的学生认知能力非常强，我们要多一些引导，少一些控制。

以前我对引导与控制的关注较少，自从看了江西省南昌市虞昌华老师发表于2009年第8期《班主任》杂志上的《把“禁止”改为“指导”》一文，我对引导与控制有了较深的认识。

新加坡名作家尤今讲过自己的一段亲身经历：

当记者时，笔是随身工具，一日不可或缺。

一回，托一位同事为我买圆珠笔，再三再四地嘱他：“不要黑色的，记住，我不喜欢黑色，暗暗沉沉，肃肃杀杀。千万不要忘记呀，12支，全不要黑色。”次日，同事把那一打笔交给我，天哪，我差点昏过去：12支，全是黑的。责他、怪他，他振振有词地反驳：你一再强调黑的，黑的，忙了一天，昏沉沉地走进商场时，脑子中只有印象最深的两个词：12支，黑色。于是就一心一意地只找黑的买。

言之成理，我哑口无言。当时，我如果言简意赅地说：“请为我买12支笔，要蓝色。”相信同事就不会买错了。

这个故事使我联想起我们的教育。在学校里，老师们总是对学生说不许做这个、不许做那个，却很少甚至从来不告诉学生应该怎么做。学生是鲜活的生命体，不可能坐在那儿一动不动地任老师摆布。活泼好动是孩子们的天性，岂是一两句“不准”就能制止得了的？校规班纪，几乎全都是“禁止”“不准”，不能做这个，不能做那个，强调来强调去，学生脑海里只有不能做的事，却不知道能做什么，结果，往往如尤今一再强调“不要黑色”一样，适得其反。

其实，我们完全可以换个角度，告诉学生可以做什么，怎么做是对的，强调正面的、对的言行，使之代替学生脑海中负面的“禁止”与“不准”。即使学生出现错误，也不要一味强调他的错误，而是告诉他错在哪儿，怎么做才能避免再次犯错，这样的教育效果一定会比一而再再而三地指责好得多。

比如，学校里有学生踢足球摔骨折了，于是学校在足球场中间砌上了水泥墩子，一个足球场没有了。不久，在足球场中又出现了一个篮球场，可是又有学生把手摔断了，于是学校下令不准在学校打球，见到球就没收。为了不承担责任，就不让学生在学校打球，这样一味地堵而不疏导，并不能真正解决问题。其实学校完全可以换一种方式，比如加强宣传讲解，让学生知道打球时要注意的事项，或组织爱打球的学生交流怎样避免受伤、怎样才能玩得尽兴又不至于影响学习，这会比一纸冷冰冰的禁令好得多！

总之，一味“禁止”不能使孩子得到发展，教师的作用应是指导、引导，在孩子需要的时候提醒他，在孩子消沉的时候鼓励他，在孩子迷惑的时候给他建议，在孩子进步的时候分享他的喜悦，这样才能真正促进孩子健康发展。

作为教师，对于学生不能不管，又不能管得过多，要把握一个度。所以，要多一些引导，少一些控制，给学生发展的空间，让学生感到真正意义上的快乐和自在。

因势利导

教师千方百计地为学生好，可有学生却说："其实你不懂我的心！"问题出在哪里？

经过反思，我认为是我们当教师的站错了位置。在实际工作中，特别是在处理有关学生的问题的时候，教师必须站在学生的角度看问题，研究学生的心理，采用适合学生的方式与方法。因势利导，才能取得最佳的教育效果。

学生赵强（化名），家境较贫寒，母亲患病多年，全家人的生活仅靠父亲一个人种地及打零工来维持。他在班上很乖巧，从不与其他男生打打闹闹，更不会给家里惹是生非……可近来，他变了：头发有了型，衣服有了款，鞋子有了牌，时不时还拿出小镜子照照，平时不怎么跟他来往的几个"时髦"同学，也跟他成了"好哥们儿"。赵强在生活与学习上的变化引起了我的注意。

赵强是个善良且要强的好孩子，虽然他一直表现得默默无闻，但实际上他也渴望得到别人的注意，于是才有了盲目的攀比行为……要想帮助学生改正爱慕虚荣、盲目攀比的毛病，就要分析学生的心理，了解其产生虚荣心的原因，然后再根据学生的性格特点加以正确引导，这样才能收到良好的效果。在对赵强的盲目攀比心理进行了细致的了解分析后，根据他的性格，我决定先找他谈话。我采取了如下的交谈方式。

"最近老师发觉你帅气了，长大了，爱美了。"

赵强听我这么说，拘束的神情自然了许多，脸上露出了得意的微笑。

“这次月考可不如从前好。”赵强的脸有些红。

“近来妈妈的身体好点儿没？爸爸的工作还顺利吗？”赵强低下了头。

“每天给爸妈做饭，是不是时间有点紧张，顾不上学习了？”赵强的头更低了，嘴动了动。

“老师别说了，我明白您的意思了……”赵强是个聪明的孩子。

第二天，我趁热打铁，在班里开了一次主题班会，让学生们分小组讨论什么是真正的美。班会后，赵强开始发生了变化。他在日记里写道：“以往我认为理个时髦的发型、穿件时尚的衣服，可以让同学们羡慕、老师注意，就可以张扬个性了。可现在我明白了，原来我那样做，不仅不符合中学生行为规范的要求，还是对遵守规范的同学的不尊重，同学们看我的眼光并不是羡慕的，而是鄙视的……在学校，真正美丽的是心灵的美。”

进入青春期后，儿童时代比较稳定的、笼统的“自我”概念逐步淡化，随之而来的“我”被分裂成两个：一个为主体的“我”，即“理想中的我”；一个为客体的“我”，即“现实中的我”。由于青少年自我认识、自我评价的能力较弱，为了表现自我、获得他人的尊重，往往会自觉或不自觉地淡化“现实中的我”，强化“理想中的我”，出于怕被别人看不起的自卑心理，便用“假我”来掩盖“真我”，于是便形成了爱慕虚荣的心理，产生了信口开河、胡乱吹嘘、盲目攀比的不良行为。

教师站在学生的角度，研究学生的心理，因势利导，可以收到意想不到的教育效果。现在回想起来，如果当时一味地指责他，一味地施加压力，还真不知会出现什么样的结果。

我们处理问题的时候，不但要站在学生的角度，还要使用正确的方式和方法。在班级管理过程中，我认为“先跟后带”的方法很有效，与因势利导有异曲同工之妙。

“先跟后带”是指先附和对方，然后再带领对方找到正确的方向。“先跟后带”作为一种教育原则，主要包括以下四个方面。

第一，客观性原则。客观性原则要求教师了解学生的真实情况，摸清学生的最近发展区。

第二，延时判断性原则。延时判断性原则要求教师在没有充分掌握资料之前，要先观察，观察之后要进行详细的调查和分析。

第三，正向性原则。正向性原则要求教师坚定信念：不管学生的状态如何，都可以把他引导到正途上来。

第四，灵活性原则。灵活性原则要求教师具备灵活应变的思维能力。什么是灵活应变的思维能力呢？就是对自己所面临的环境和所要解决的问题有正确的分析和判断，能快速找出问题的关键点，充分利用一切可以利用的条件，采取及时有效的方式方法处理问题。

中小学阶段是学生一生中最关键的时期，就好像正在茁壮成长的小树苗，需要方方面面的呵护和培育。这就要求教师在处理问题的时候，不能简单地站在教师的角度，而应先站在学生的角度观察、了解情况，然后因势利导，这样才能取得事半功倍的效果。

教育在于赏识、激励和鼓舞

德国著名教育学家斯普朗格曾说："教育的最终目的不是传授已有的东西，而是要把人的创造力诱导出来，将生命感、价值感唤醒。"

马克思说："教育之为教育，正是在于它是一种人格心灵的唤醒。"

唤醒什么？唤醒学生生命中的灵性与欲求。

唤醒的前提是唤，之后才是醒。唤，基于信任，离不开尊重，还要充满信心。醒，也需要一个过程，这个过程需要激励和鼓舞。

这是一个真实的故事，故事的主人公是一位学生家长。正是这样一位普通的学生家长，用博大的胸怀和坚定的信念不断鼓励孩子，成就了孩子的一生。

她第一次参加家长会的时候，幼儿园的老师对她说："你的儿子有多动症，在板凳上连三分钟都坐不了，你最好带他去医院看一看。"回家的路上，儿子问她老师都说了些什么，她鼻子一酸，差点流下泪来。因为全班30位小朋友，唯有他表现最差；唯有对他，老师表现出不屑。然而她还是告诉儿子："老师表扬你了，说宝宝原来在板凳上坐不了一分钟，现在能坐三分钟了。其他的妈妈都非常羡慕妈妈，因为全班只有宝宝进步了。"那天晚上，儿子破天荒吃了两碗米饭，并且没让她喂。

儿子上小学了。家长会上，老师对她说："全班50名同学，这次数学考试，你儿子排第50名，我们怀疑他智力上有些障碍，您最好能带他去医院查一查。"回家的路上，她流下了眼泪。然而，当回到家里，她却对坐在桌前的儿子说："老师对你充满信心。他说了，你并不是个笨孩子，只要能细心些，会超过你的同桌，这次你的同桌考了第 21 名。”说这话时，她发现，儿子黯淡的眼神一下子充满了光，沮丧的脸也一下子舒展开来。她甚至发现，儿子温顺得让她吃惊，好像长大了许多。第二天上学时，去得比平时都要早。

孩子上了初中，又一次家长会。她坐在儿子的座位上，等着老师点儿子的名字，因为每次家长会，儿子的名字总是在差生的行列中被点到。然而，这次却出乎她的预料，直到结束，都没听到。她有些不习惯。临别，去问老师，老师告诉她：“按你儿子现在的成绩，考重点高中有点危险。”她怀着惊喜的心情走出校门，发现儿子在等她。路上她扶着儿子的肩膀，心里有一种说不出的甜蜜，她告诉儿子：“班主任对你非常满意，他说了，只要你努力，很有希望考上重点高中。”

高中毕业了。第一批大学录取通知书下达时，学校打电话让她儿子到学校去一趟。她有一种预感，儿子被清华大学录取了，因为在报考时，她给儿子说过，相信他能考取这所大学。儿子从学校回来，把一封印有清华大学招生办公室的特快专递交到她的手里，突然转身跑到自己的房间里大哭起来，边哭边说：“妈妈，我知道我不是个聪明的孩子，可是，这个世界上只有你能欣赏我……”

综观我们的教育，经历了这样一个尴尬的过程：学生从怀着好奇心、兴高采烈地走进校园，到厌学情绪严重，视学习为“猛虎”、为“苦海”。这中间究竟发生了什么？

仔细研究，不难发现，我们的教育不是在激励学生，培养学生的信心，而是从一开始就对学生进行打击。传统教育思想主张“严师出高徒，棍棒出孝子”“吃一堑，长一智”，让学生们在一次次失败中寻求上进，让他们始终伴随着批评、斥责和无尽无休的要求来度日。

其实，教育就在于赏识、激励和鼓舞。

支教的第一天，一个奇怪的男生引起了我的注意：小小的个子，每天小手小脸都脏兮兮的。学生向我反映，他经常违反学校规章制度，不能与同学们和平相处。同时，在学习上他也表现出各种不足，不能按时按量完成老师布置的作业。

经过一段时间的细心观察，我发现该学生很聪明，只是他觉得容易的知识才学，难点的知识就放弃，不爱动脑筋。这导致他的成绩越来越差，最后丧失了进取心。但是他不想被其他同学忽视，便用带有挑衅意味的动作去试图引起别人的注意，与小伙伴们不断发生冲突，小伙伴们就渐渐疏远了他，交往中的不断受挫使他加重了消极的自我认识。“他们不喜欢我”，这是我从他口中听到的最多的一句话。久而久之，他的身心发展受到严重影响。

我还从班主任那里了解到，该学生的父母离异多年，他小小年纪就跟着父亲从外地来到北京生活。在生活中，父亲对他的关心不够，从来不接送他上下学，每天中午让他自己买点东西吃，他的衣服也总是脏兮兮的，虽然比同学们大一岁，但他的身高却比同学们都矮一点儿。每当教师和他父亲沟通他在学校的表现后，他父亲只知道打骂，教育方式简单粗暴。长期被大人们忽视，缺少心灵的沟通和爱，导致其上了两年一年级都未能升级。

我当时就想：如果我是这个班的班主任，面对这样的学生，该怎么办？

清代教育家颜元说过：“教子十过，不如奖子一长。”花费大量的时间和精力去苛求学生，不如换种教育方式，用心发现他们的优点与长处，并以此激励他们。

一天，下课后他在跑出教室时将铅笔扔在了地上。现在的孩子物质条件都比较好，没有爱惜学习和生活用品的良好习惯，只知道东西没有了可以再让爸爸妈妈买。见此情景，我灵机一动，为何不让身边人影响身边人呢？于是，我让该学生自编自导自演了几个课间活动时的小片段，帮他拍摄成视频，在“爱惜学习用品”的主题班会中播放。同学们热烈讨论了哪些行为不正确，应该怎样改正，教学效果出奇得好。这名学生还获得了课上的表演“小笑脸”，他迫不及待地把它贴在了自己的“收获成长树”上。我抓住时机，提醒他，他的“收获成长树”上还缺一枚小小的“学习成绩果”。此后，我想方设法帮助他，考虑到他的学习基础，专门为他设计了一些简单的练习题，如果他回答不上来，哪怕是重复别人的答案，我也会让他说一遍，帮助他加深印象。课下，对他没有弄清的地方及时补课，对症下药。通过不断的努力，该学生终于在学习和人际关系上取得了进步。

一次学校组织活动，有个学生对他说："你就别参加了。你参加了就会给咱们班拖后腿。"听到这个学生的话，我心里一惊。以往我只注意教师对学生的评价要科学，却忽略了学生间的评价也要合理，要让学生学会尊重他人，这可不是一个小问题。于是，我马上召开了"我们都是第一名"的主题班会。我刚宣布完这一主题，学生们就七嘴八舌地讨论起来，纷纷说起了自己身上的闪光点。这个说"我会写一手漂亮的字"，那个说"我会背很多很多的古诗"……这时，我把他叫到前边，让大家找一找他身上的闪光点。一开始，同学们支支吾吾，一脸的不情愿。我就带头夸奖他："他是一个热爱劳动的孩子，每天，他很早就到学校打扫教室卫生。咱们能在这么整洁的教室里上课，有他一半的功劳呢。他和我们一样是个健康可爱的孩子。当然，他有优点，也有不足，需要我们大家来帮助。"话音刚落，学生纷纷举起手来，争先恐后地说起他的优点来。站在台上的他悄悄地拭去眼角的泪水。在热烈的讨论中，学生们渐渐明白了，其实我们每一个人都是"第一名"。

我始终相信，世界上没有教育不好的学生，只是教师还没有找到适合的方法。教育上述这类学生我们不可操之过急，要循循善诱，在实践和探索中不断总结经验，努力寻找打开学生心灵的钥匙。

"教育意味着一棵树摇动另一棵树，一朵云推动另一朵云，一个灵魂唤醒另一个灵魂。"只要我们善于唤醒、激励和鼓舞，那么，我们教师的幸福和价值一定能实现。

用赞美点击学生的缺点

没有人愿意被责备。每个人都对自己的行为有着自认为合理的解释，即使他是完全错误的。如果有人当面指责，他会立即调动全部的智慧和力量来辩解。正如卡耐基所说："一百次中有九十九次，没有人会责怪自己任何事，不论他错得多么离谱。我们用批评和指责的方式，并不能使别人产生永久的改变，反而会引起愤恨。赞美则能达到我们所要达到的结果。"

在教育教学的过程中，我们要尊重学生的个体差异，善于抓住每个人的积极因素，最大限度地挖掘其潜能。

张一平（化名）在单亲家庭长大，住在舅舅家中，由姥姥抚养。爸爸因妈妈精神出现问题而离家出走，妈妈因精神问题生活不能自理，偶尔情绪失控还会砍伤人，至今张一平的头上还有一条约十厘米长的刀疤。他的一切都由70多岁的姥姥负责。这样的家庭环境，造成他性格内向、自卑、怯懦；上课注意力不集中，不爱举手回答问题，自制力较差；社会交际能力差，平时很少和其他同学一起玩，也从不和同学主动交流。由于他语言表达能力差，经常话不对题，同学们也不愿意和他一起玩。虽然他有这样那样的不足，但是他也有自己的优点和兴趣爱好，那就是踢足球。

针对张一平的具体情况，我决定从他喜欢踢足球入手，适时培养他的进取心和自信心。

第一，发挥班集体的作用。作为教师，我要用爱唤起他的自信心和对美好生活的热爱。首先，我主动和他聊天，争取获得他的信任。刚开始，非常困难，但是我没有放弃，坚持和他谈一些他感兴趣的话题。渐渐地，我们越来越熟，可以像朋友一样进行交流了。在此基础上，我把交谈的范围逐步扩大，并帮他及时纠正话语中出现的问题。在班会上，我鼓励同学们帮助他，希望同学们在课间做游戏的时候邀请他一起玩，同学们都表示非常乐意帮助他。孩子之间总是容易沟通与交流的，张一平与同学们的关系渐渐融洽起来，慢慢地融入了班集体。随着与同学们接触机会的增多，他的人际交往能力有了很大的提高，已经能够主动与同学和老师进行交流了。

第二，争取家长的配合。家庭是学生生活的场所，是学生接受教育、健康成长的主要场所，因此得到家长的支持也是非常重要的。据我了解，张一平的姥姥对他十分关心，于是我给他的姥姥讲了许多有关儿童教育心理学方面的知识，使她明白，对孩子的教育，不能急于求成，欲速则不达。学校在以下几方面积极配合：关心孩子在学习上遇到的困难，针对口语表达能力较弱的问题，强化口语表达训练；训练他做些力所能及的事。同时，我与其家长保持联系，及时反馈信息，对他进行有针对性的引导。

第三，从兴趣入手。兴趣是最好的老师。张一平最大的兴趣爱好就是踢足球。只要课间有机会，他就抱着足球到操场踢来踢去。一开始，他总是自己一个人在墙角玩，于是我跟班里几个爱踢足球的男生沟通，让他们带着张一平一起玩。在踢球的过程中，张一平跟大家沟通的机会多了，平时沉默寡言的他话也逐渐多起来，偶尔还会提出给他传球的要求。

在家长、老师和同学的帮助下，张一平已经融入了班集体。现在，他能够主动和身边的人进行交流，做一些力所能及的事。他变得越来自信，学习的积极性有了很大提高，上课基本能做到专心听讲，在班级表扬他的机会也逐渐增多了。张一平以前在班中几乎没有朋友，常常是独来独往，如今他已和同学们打成了一片。他之所以变得自信起来，源于老师和同学对他的关注与鼓励。可见，得到赏识与关爱，学生会更好地成长。

有特殊背景的学生在集体中常常处于一种弱势状态。作为教师，我们应该清楚地认识到，每一个学生都有自尊，都有自己的特点，他们同样渴望得到老师的关注、得到同学的认可、得到他人的欣赏。教师要从学生的心理需求出发，发自内心地去欣赏他们、关爱他们，让更多的学生沐浴在阳光之下，健康成长。

事实证明，要想让一个学生获得成功，最好的办法就是给他信心，唤醒他内心的渴望，这就相当于给他体内安了一个发动机，而让这个发动机运转起来的动力就是教师及同学给予的赞美和信任。

每一个学生都有闪光点，教师要有一双善于发现的眼睛。赏识可以引导学生走向成功，赏识使优秀生变得越来越优秀，使后进生重新审视自我，使后进生的进取心觉醒。

教师一个信任的点头，一个赞许的目光，一个会意的微笑，一次热情的握手，一次亲切的抚摸，一句鼓励的话语，一个巧妙的暗示，一次真诚的交流，一次友善的合作，都会给学生带来极大的鼓舞。请多给学生一点儿赞美吧，学生明天的成功就蕴藏在教师今天的赞美中。

让学生扬起自信的风帆

好孩子是夸出来的，所以，教育界一直提倡赏识教育。

赏识教育是以挖掘、激发、调动学生的内驱力为主，以使不同学生都能在愉悦的学习状态中茁壮成长为目的的一种教育策略。赏识教育要求我们在教育教学工作中扬长避短，把常态因素转化成积极因素，最大限度地挖掘学生的潜力。

班上有个学生叫李飞（化名），平时上课总是无精打采，提不起一点儿学习的兴趣。课堂提问，她缄默无语；家庭作业要么不写，要么错别字连篇，甚至连组词以及简单的加法也是错误百出；每次测验，语文、数学都只有二三十分。以这样的成绩还怎么继续以后的学习呢？我一定不能放弃她！

于是我进行了家访，想先了解她的家庭情况。到她家时，她正在做饭。原来她父母常年在外打工，将她托付给了奶奶，而奶奶年纪大了，使得所有家务活都压在她柔弱稚嫩的肩上。我感到有些心酸。与奶奶交谈后，我更心疼她了。因为成绩太差，家里打算让她念完小学，就辍学！我刚劝说几句，奶奶就说："她的成绩那样，进了初中也学不好，还不如在家帮忙干点活。"

听了这些话，我的心情分外沉重，难道我要眼睁睁地看着她离开学校，过早地承受生活的重担吗？回到学校，我找她谈话，可她总是低着头，一言不发。缺乏爱的关怀、长期承受学习落后的打击、总是徘徊在无人关注的角落让她产生了自闭的心理。

每每看到她“孤独”的身影，我都暗暗发誓，一定要带她回到班级的大家庭里来，一定要让她重拾学习的信心和勇气。

思虑再三，我决定从三方面入手。首先，我抓住一切机会亲近她，以关爱之心来触动她的心弦。下雨天她忘了带伞，我送伞给她。平时，我会经常找她闲谈，引导她用感恩、乐观的心态看待现实生活。在她生日那天，我买来生日蛋糕，组织学生为她举办班级生日会。那天，她高兴极了。事先，我还和她的父母进行了沟通，在她吹蜡烛的时候，父母如约打来了电话。这时，我分明看见了她眼中的泪花。我知道，那是幸福的泪花，是感恩的泪花，是打开心门向过去告别的泪花。

其次，利用同学的影响帮助她树立学习的信心。为了提高她的学习成绩，我除了在思想上教育她、在情感上感化她，还特意安排了一个责任心强、学习成绩好、乐于助人、耐心细致的同学和她同桌。事前，我与这个同学进行了谈话，希望他为了班集体，不要歧视她，要尽自己最大的努力，耐心地帮助她，使她进步。该同学满口答应了，并充分利用课余时间或课堂时间帮助她。有时，该同学也会产生一些厌烦情绪，说她不听话，不愿意学……此时，我就跟他说：“要有耐心，慢慢来。”与此同时，我还组织了几名同学也来帮助她，和她一起玩、一起做作业，让她感受到同学对她的信任、对她的关心。在同学们的帮助和自己的努力下，她各方面都取得了不小的进步：学习努力了，也守纪律了，成绩有了很大的提高，劳动也更积极了。有一次，我找她谈话，她说：“老师，同学们这样关心我，爱护我，帮助我，如果我再不努力，对得起他们吗？”我笑着说：“你长大了，懂事了，进步了。我真替你感到高兴。”

最后，与任课教师统一意见，用赏识的眼光看待她。其实，她身上的闪光点还是挺多的，11 岁的孩子，做饭、洗衣服等家务活都会做，还能照顾年迈的奶奶……我们抓住这些优点表扬她、鼓励她。除此之外，学习上的一点儿小进步，我们也没有忽视。在一次课堂练习中，这个沉默的女孩居然全都做对了。我非常兴奋，对她大加表扬，并说：“世上无难事，只怕有心人，你看，这些题目你全做对了，昨晚你一定复习了吧！只要努力，你一定不会比其他同学差的，你说是吗？”她轻轻地点了点头，眼中多了一些自信。在以后的学习中，我始终坚持采用欣赏、夸奖、鼓励的策略来转变她，她的成绩也一步步提高。最后，她以不错的成绩顺利考入初中。

教育是心灵的艺术，我们教育学生，首先要与学生之间建立一座心灵相通的爱心桥梁。心理学家认为，“爱是教育好学生的前提”，对于李飞这样的学生，我们要亲近她，以关爱之心触动她的心弦，用师爱去温暖她，用真情去感化她，从而使她主动学习，找回自信。

爱心、友情与赏识是使李飞同学获得进步的三大支柱。

第一，奉献爱心，增其自信。我国近代教育家夏丏尊说过：“教育之没有情感，没有爱，如同池塘没有水一样。没有水，就不成其为池塘，没有爱就没有教育。”作为一名班主任，要搞好教育工作，首先要有一颗爱心，用爱的甘露滋润学生的心田，用爱心点燃一颗颗纯洁的灵魂。对于学困生，特别是留守的学困生，教师应给他们更多的爱，经常鼓励、帮助、督促他们，使他们增强自信心。正是无微不至的爱，才使不爱发言的李飞的声音变大了，让缺乏自信、成绩落后的李飞有了自信，提高了成绩。从每天的关注到鼓励的眼神，从生日的贺卡到鼓励的耳语，从关爱的抚摸到额头的亲吻……这就是爱的力量，这就是爱的魅力，它如涓涓细流滋润学生的心田。

第二，同学互助，友情感化。同学的帮助是使她发生改变的一个重要因素。学生之间一旦建立起友谊的桥梁，就会变得无话不说。因此，我引导李飞与其他同学交朋友，让她感受同学对她的信任、对她的关心，体验同学交往带给她的快乐，让她在快乐中学习、生活，在学习、生活中感受到快乐！同学的帮助，使转化她的工作取得了事半功倍的效果。

第三，运用赏识，促其发展。美国心理学家威廉·詹姆斯有句名言：“人性最深刻的原则就是希望别人对自己加以赏识。”学生的成长离不开理解和赏识，赏识教育是以人为本的教育，是富有生命力的教育。每个学生身上都有优缺点，学困生也并非一无是处，对于学困生身上表现出来的哪怕很微弱的闪光点、很微小的进步，教师都要及时加以引导、肯定，以满足他们的心理需求，使他们产生幸福的内心体验，从而增强荣誉感、自信心、上进心，提高学习的兴趣与内在的动力。当一个学生对学习有了兴趣与动力时，学习就变得轻松、容易起来。

所有难教育的学生，都是失去自尊心的学生；所有好教育的学生，都是有着强烈自尊心的学生。每个学生都有成功的潜能，每个学生都有成功的愿望。赞赏学生，鼓励学生，是师生情感的催化剂，是激发学生学习的内在动力。

有时候，教师需要用放大镜去寻找学生的优点并加以表扬、鼓励，让学生从我们这里得到信心，得到关爱，得到被肯定的感觉。这样，他的责任感自然就会被激发出来，学习成绩就会有所提高，甚至会创造奇迹。

第五章

做学生心中的阳光与雨露

愿做一泓甘泉，滋润学生的心田。学生是远航的船，我愿做扬起的帆。一切为了学生，一切想着学生，努力做学生的贴心人。

——班主任心语

呵护心灵，为学生的一生着想

十几岁的学生，心理状态特别容易在自尊与自卑、坚强与脆弱之间摇摆，教师的一次不公正对待都有可能影响某个孩子的一生。

面对十几岁的学生，我们应将适度的宽容作为第一准则，这不仅能够促使学生进行反思和自勉，也能够使师生关系融洽，使我们和学生逐步进入一种交流的佳境。

一天，我发现班里有两个孩子的交往超出了正常的范围。两个人不仅在下课时形影不离，上课时也“眉目传情”，隔着“千山万水”打手势、传纸条，最后甚至无所顾忌，公开恋情。这种情况不仅使他们两人的学习成绩迅速下滑，而且严重影响了学生的听课环境和教师的讲课情绪。

我依照惯例找他们谈过话，两个孩子却阳奉阴违、无动于衷。其中的女同学个性强，被同学取笑、家长责骂、教师批评后不仅没有收敛，反而变本加厉，甚至产生了离家出走的念头，这使我对他们的教育陷入了进退两难的尴尬境地。我意识到，强管强压只会适得其反，必须另想办法，引导他们正确把握自己，把早恋影响降到最低。为此，我采取了以下措施。

措施一：尊重理解早恋，平静面对早恋。

在青春期，学生的性别意识萌动，开始注意与异性的交往，这是学生的身心发展规律，是正常的。懂得了这一点，我们就完全没必要把早恋上升到道德高度大加指责。所以，我在找他们分别谈话时很真诚地说：“我相信你们的感情是真诚、纯洁、美好、没有任何功利目的的，是我们人人向往、乐于追求的高尚情感。但我还是觉得它来错了季节。所以我不赞成，但也不会打压，只希望它能含蓄、自然地生长。”深感意外的他们顿时放松了戒备，我趁热打铁，继续引导他们：“你们俩都是重感情的孩子，为了不影响自己和同学，更为了紧张备战期末考试，应含蓄而克制地发展。”

就这样，一学期以来，我时刻关注他们，与他们推心置腹地交流，尊重他们的人格，竭力维护他们的自尊，在不断的以心换心的交谈中取得了他们的信任，让他们的感情有了倾诉的机会，减轻了他们的心理压力和逆反、抵触情绪，帮助他们走出了情感误区。渐渐地，两个孩子消除了对我的敌视，开始感激我对他们的尊重和理解，甚至做出了“为了让老师好做班级工作”而低调交往的感恩行为。

措施二：创设宽松环境，释放早恋情结。

教师首先要从尊重、理解孩子们的感情出发，不大惊小怪，不横加指责，不把他们当作班中的另类对待，并真正为全班学生做出表率，关心爱护他们，不特殊对待他们。教师做足了工作，其他学生也就能正常地对待他们，不会把他们孤立起来，这样就为他们创设了一个宽松、纯洁的交往环境。同时，我经常利用班会以及处理班级事务的机会进行点滴教育，使他们明确现阶段的任务是珍惜青春，好好学习，把握人生的关键时期。这样不仅有意识地引导学生形成正确的恋爱观，也让大家认识到其实爱情不神秘，无须讳莫如深，还暗示大家不要用有色眼光看他们，不要排斥他们，让他们在充满关爱的宽松环境中，从自我的小圈子中走出来融入到大集体中去。

措施三：培养责任感，转移早恋注意力。

中学阶段是学生的人生观、世界观形成的关键时期，因此，我利用自己教政治课的优势，经常向学生讲正确的人生观、世界观。通过我的引导，他们理解了恋爱是美好的，但目前他们更主要的任务是学习知识，培养技能，让自己成为一个有能力的人，所以不能荒废时间，不能错过通过学习提升自己的关键时期。这是对自己负责，也是对对方负责。

与此同时，我又对他们委以重任，让他们担任班干部、课代表，培养他们对己、对人、对班级的责任意识。他们在得到同学们的认可后，工作更加认真负责。这样做，有效分散了他们早恋的注意力，转移了兴奋点，渐渐淡忘了早恋。久而久之，他们的恋爱行为终于能在含蓄、克制中把影响降到最低了。

一个学期之后，他们的早恋事件由热火朝天渐趋平淡，其他同学也不再好奇，班里的学风浓了起来，班风也正了起来。事实上，面对正处于青春期的学生，未来还可能不断出现各种问题，教师的工作仍然任重而道远。但只要我们耐心引导，真诚交流，方法巧妙，多方落实，一定能帮助学生走出“错爱季节”，打造纯洁美好的明天。

青春期学生的烦躁和不安，都是正常的表现，教育者不要大惊小怪、大肆渲染对交友的偏见，以免伤害学生的自尊心，歪曲他们对男女同学正常交往的看法。对于青春期异性交往，家长和学校也不要“一棍子打死”，动不动就扣上“早恋”的帽子。我们应该理性地对学生加以引导，必要时教给他们一些交往的知识，让他们学会交往，使其把对异性的好感发展成为真诚而纯洁的友谊。

通过沟通走进学生的内心世界

沟通是一门艺术。有效的沟通能够帮助我们更好地了解学生，切准学生的思想脉搏，对学生出现的问题做到心中有数，以便能及时地解决学生的问题，真正做到传道、授业、解惑。

教师与学生沟通时用得最多的就是语言，进行语言沟通要讲究方法，才能收到实效。如果教师用奚落、讽刺的语言当众羞辱学生，就会造成师生之间的隔阂，影响教育效果，也会使学生产生自卑感。因此，教师的语言应是一种如春风细雨般的温和语言。在教学中往往会遇到这种情况：学生犯错误时，习惯找种种借口来掩饰和推卸责任，有些教师便会大发雷霆，“你怎么这么多理由，明明做错事情还死不承认”！

然而，教师越是训斥，学生越不服气。如果这时教师说：“虽然我能理解你为什么这样做，但是我不赞同你的做法，因为这样对你的成长不利。”既指出了学生的错误，又不伤害学生的自尊，学生会从中体会到教师的期望和爱护，也会反省自己的错误，这比骂他一百句的教育效果都要好。

教师与学生不是单纯的教授关系，教师是学生的良师益友。教育要取得良好的效果，教师必须学会沟通。

在与学生沟通时，教师一定要做到以心换心、以情动人。

眼睛是心灵的窗户。用眼睛说话是一种很好的沟通方式。成功的教师善于运用眼睛与学生进行情感的交流、信息的传递和行为的暗示。每天走进教室，教师的目光要与几十双眼睛相对：对眼神中充满活力和精神的学生，教师要投去赞许的目光；对眼神飘忽不定、左右顾盼的学生，教师的目光则要多停留片刻，提醒他们集中注意力。通过目光的对视，教师可以大概了解全班学生的精神状态。讲课时，教师要善于用敏锐的目光关注那些学困生，发现他们的毛病、缺点，并及时指出、适度批评；发现他们的闪光点，并适时表扬、多加鼓励。通过用眼神和学生沟通、交流，达到教育目的。

在沟通的过程中，教师要让学生受到情绪上的感染、思想上的震撼、精神上的鼓舞、心灵上的启迪，从而取得良好的教育效果。

张浩（化名）这名学生在上第一节课时就引起了我的注意，因为他特别喜欢说话，和前桌同学说完又和后桌同学说，嘴一会儿也不闲着。而且一会儿工夫，本来干干净净的地面就被他弄得一片狼藉。下课后，我特意留下了他："你叫张浩吗?"我亲切地问。"是!"一声清脆的回答。"你怎么把地弄得这么脏呀?""我……我……"说着说着就没了声音。我心想，一定是因为卫生习惯差造成的，开学后慢慢教育，养成卫生习惯就好了。可是没有想到，一段时间以后，我发现他不仅卫生习惯差，而且嘴里面经常含着东西，什么钉子、小木棍、纸片、玻璃球……只要能放进嘴里的他都放进去，而且不仅仅在室内上课这样，就连体育课上他也是这样，体育老师经常找我讨论如何解决他的这个问题。此外，他的学习习惯也很差，不能按时完成作业，上课不专心听讲，不愿意学习，与其他学生交往困难，经常惹是生非。据他父母反映，他在家里很不听话，遇到一点小事就大发雷霆，他们也无法与他沟通交流，就经常打他。但是，因为他们和他的姥姥、姥爷一起生活，一挨打他就去找老人，姥姥、姥爷护着他，周围的亲戚也都很溺爱他。综合这些因素，再结合他课上课下的表现，我明白了他并不笨，只是爱玩，不爱学习，从小没有养成良好的学习习惯；大人对孩子的溺爱，使孩子自理能力差，自由散漫惯了，对长辈缺乏尊重；每次他写作业，都要由母亲在旁边陪着学习，自己完不成作业，没有学习动力。

该如何使他成长起来呢？我决定从下面几方面入手。

第一，捕捉他的闪光点。马克·吐温曾经说过："只凭一句赞美的话，我就可以充实地活上两个月。”成年人尚且如此，更何况孩子呢。所以我千方百计地捕捉他的闪光点，鼓励他大胆举手发言，表扬他发言声音响亮，肯定他坐姿正确……开始他一点反应都没有，但有一次，他却表现得特别开心，手舞足蹈的，满脸的笑容，原来是他的抄写本在黑板上展览出来了。写字课上，我又及时表扬他写字姿势正确、态度端正，而且要求同学们向他学习。这一招可真管用，此后，他写的字总是端端正正、漂漂亮亮的。更可喜的是，这激发了他学习的兴趣，也让他看到了自己闪光的一面。

第二，争取家长的密切配合。经过和张浩父母多次沟通，在对他的教育问题上，我们达成了一致意见：在教育孩子时不能用简单粗暴的方法，要多和孩子交谈。后来我又多次和他的父母沟通，知道他们已经不怎么打他了，还尽量每天放学后都至少有一人陪他。同时我还建议家长创造一个适合孩子学习的家庭环境，让孩子养成放学后及时做作业，完成作业之后再做其他事情的好习惯。甚至我还说服家长多让孩子做一些力所能及的事，多给孩子一些锻炼的机会，培养他的自立能力。

第三，抓住时机正确引导。针对他上课想说话就说话，没有纪律概念这一状况，我积极引导他学会自我教育。“教是为了不教”，我要让他了解自己、把握自己，学会自我评价，客观地认识自己。我和他有一个小约定：当他说话时，我就伸出食指放在嘴边提醒他。一堂语文课上，他又在说话，连我提醒的手势都没看见。于是，下课后我找到他，问他上课说话的原因，他说他是因为太高兴了，所以就又管不住自己了。了解了这一情况后，我笑着把他拉到身边，对他说：“你说一说，今天为什么这么高兴呀?”在他述说原因时，我一会儿和其他老师说几句别的，一会儿自顾自地说几句学生的事情，他说着说着就不说了。我问：“你怎么不说了呀?你说你的，我听着呢!”他没有说话，而是低下了头。“怎么了?”我明知故问。他不好意思地说：“老师，我以后上课再也不乱说话了!”“是呀!你说话时老师也说话你不喜欢，那别人说话时你说话，别人会喜欢吗?”“不喜欢!”他回答得很干脆。“对，我们在别人说话时要注意听，这是对别人的尊重，更重要的是，我们能够从别人的话里学到知识呢!”他似乎明白了什么，使劲地点点头。通过一段时间的教育，他变了：上课时能看到他兴奋的小脸，却听不到他无所顾忌的说话声了，作业能够自己完成并乐于写作业，周围的地面也不再是一片狼藉。

俗话说：栽树栽根，育人育心。我们要多和学生进行心与心的沟通，只有给学生更多的关爱，最大限度地理解、宽容他们，培养他们的责任感和自立能力，才能让他们打开心门，接受外界一切美好的事物。

沟通是一门艺术。教师必须懂得并善于运用师生沟通的艺术，通过真诚的沟通走进学生的内心世界。

搭建平台，为学生的幸福奠基

教育既要从社会的需要出发，也要从人的个性发展的需要出发来培养人。这两者虽然是相对的，但又是互相依赖的。我们应对社会需要和人的发展需要都予以重视，遵循一般要求与个性发展需要相结合的原则，积极创设和谐的教育氛围，使学生得到全面的发展。

赵旭（化名）是一个让我感到非常棘手的学生：上课注意力不集中，学习习惯不好，做事懒散，自信心不足。有时比较好动，喜欢和同学打闹；有时比较内向，有一定的思想负担，心思比较多。

对这样一个学生，我尝试从以下几方面入手展开教育。

第一，沉默是金。为什么说“沉默是金”呢？初见赵旭，他就引起了我的注意，我发现，这个学生脾气犟，个性强，自制力较差，常与外班一些不爱学习的学生来往。开始时，我对他除了说教还是说教。有一天，他又犯错了，我将他叫进办公室，他满不在乎地等待我的批评。正好办公室没其他老师，我看着他，什么话也没说，因为说实话，我真不知道该说什么了（该说的我都说过了），所以只好沉默，只是平静地看着他。令人惊奇的是，我发现，他慢慢有了变化，从一开始的满不在乎变得有点局促不安。又过了一会儿，他低下头，偶尔抬头瞟我一眼，我知道他在窥测我的内心，但我还是很平静地看着他，一言不发。他把头低得更低，也更加不安了。良久，我打破了沉默：“你可以走了。”他抬起头惊讶地望着我。“你可以走了。”我重复了一遍。他默默地走了。但接下来的几天他竟然表现很好，让我很惊奇，我不失时机地表扬了他。后来尽管他有反复，但经过几次“沉默疗法”，他改变了很多。我相信，他一定会成为好学生，和班里的其他同学一样。这也让我深深地意识到，沉默有时也是一种力量，能使学生更明白老师的心。

第二，幽默相处。一个眼神、一个微笑、一句不经意的调侃的话语，都可能成为制胜的法宝。一天上课，我叫他回答问题，他回答完后，学生们发出一阵笑声。原来，由于他没有认真听讲，回答的竟然是前一道题。我也忍不住笑了，只不过是微笑，我对他说：“你辛苦了，快吃饭吧!”同学们都笑了，他也笑了。剩下的时间里，他听得很认真。其实，生活需要幽默，严肃的课堂也需要幽默，如果能使犯错误的学生在笑声中认识到自己的错误，何乐而不为呢?

第三，重建信心。赵旭是一名聪明的学生，每次和他交流，他都能意识到自己的问题，但日常行为和学习习惯却没有明显的进步。一次交流时，我发现他其实很有上进心，只是不知道该怎么做，内心并不自信。抓住这一点，他一有进步，我就及时在班上大加表扬，使他的自信心不断提高。几周后，他就有了很大的改变，上课不迟到了，课堂上除了有时打瞌睡，再也没有其他违纪现象，也能够及时上交各科作业。这样的状态对他来讲已经是很大的进步了。

第四，尊重理解。在教育实践中，我对所有的学生一视同仁、平等相待，不冷落歧视学困生，而是尽力给予学困生更多的关心和爱护，只要他们有一点进步，我会及时予以鼓励和肯定，让他们切实感到教师是真心诚意地尊重他们、帮助他们，而他们也会很自然、自觉地接受帮助，从而实现良好的转化。“我们极希望获得别人的赞扬，同时我们也极害怕别人的指责。”有一位学困生这样说。教师尊重学生是学生进步的外因，学生自尊自强是学生进步的内因。教师尊重理解学生，学生就会向教师敞开心扉。

第五，师师、师生协作。为了督促赵旭不断进步，我与其他任课教师进行协作，在课堂教学中对他给予更多的关注，对他多提问（根据其能力，设计相应问题），使其注意力始终集中于课堂，并及时对其进步给予表扬，使他对学习逐渐有了兴趣，自信心也进一步增强。我还教育学生要团结互助，不歧视学困生，要以真诚的态度去帮助他们，如分座位时，可以把责任心强、乐于助人的同学派做他的同桌，督促其进步。半个学期后，他的学习成绩有了提高，学习兴趣也比以前浓厚，心情愉快多了，脸上也露出了笑容。

第六，多给机会。因为这些学生的行为、情绪、心理调控等方面有这样或那样的适应不良或障碍，所以他们犯错的频率是比较高的。赵旭每次犯错后，我除了必要的批评外，还给他提供改正的机会，让他将功补过，并告诉他老师相信他，他也要相信自己。对这类学生，教师要多给他们表现的机会、为班级做贡献的机会。尽管我们时常说机会对于每个人都是均等的，但事实上，学困生管理班级、受到表扬等各种机会都很少，甚至没有。我让赵旭担任课代表，因为这个任务可以唤起他的责任感。而他很看重这个机会，做得也十分认真。

第七，与家长沟通。在教育赵旭的同时，我还常与他的家长联系，委婉地向他们提建议，希望他们配合我教育孩子。例如，我和他的母亲经常联系，她表示愿意配合老师教育自己的孩子，她有空也会来学校问问孩子的情况。学生常常担心教师和自己的父母联系，特别是学习和表现较差的学生，他们甚至把这种行为称为“打小报告”。但是适当、真诚的关心和教育，让学生感受到家长和教师是在真正关心他，教育的效果往往事半功倍。

通过教师的教育、同学们的帮助以及自己的努力，赵旭的进步非常明显：迟到的次数减少了，在课堂上能自觉遵守纪律，并能跟随教师的思路完成学习任务；课后基本能按时完成作业，在课代表的提醒下及时上交作业。学习成绩有较大的提高。各任课教师认为该生进步很大，转变明显。

我和他的相处是快乐的。记得教师节那天，他带领全班同学为我演唱了《每当我走过老师窗前》这首歌，感动得我流下了眼泪。

魏书生曾这样说：“走入学生的心灵世界中去，就会发现那是一个广阔而又迷人的新天地，许多百思不得其解的教育难题，都会在那里找到答案。”要打开学生的心灵之门，必须有“爱心”这把钥匙。高尔基曾说过：

“谁爱孩子，孩子就爱谁，只有爱孩子的人才会教育孩子。”

培养什么样人的问题是教育的一个根本问题。教育的目的就是最大限度地促进人的发展。教师必须注重学生核心素养的提升，为学生的成长搭建平台，为学生的幸福奠基，为社会培养合格的公民。

永远用温和的态度对待学生

我们这些教师也都是从学生时代走过来的，回忆当年上学时的点点滴滴，我们都会有这样的感觉：当教师一脸阳光地走进教室的时候，学生的心情就会很舒展、很轻松；当教师毫无表情地走进教室的时候，学生就会感觉茫然不知所措。教师在课堂上满怀激情地讲课时，学生就会感觉听课是一种享受；教师在课堂上以毫无生气的语调喋喋不休时，学生就会感觉在课堂上简直是度日如年。

北京教育科学研究院基础教育科学研究所曾经对北京市1239名中小学生进行过一次问卷调查，针对一道开放式问题“你希望教师怎样上课？”的调查结果显示：87％的小学生希望教师能够“面带笑容、高高兴兴上课，不要板着脸上课”“不要太死板，要高高兴兴地上课”；82％的初中学生希望教师上课要“有激情，声音大一点；面带笑容，课堂气氛不要太过压抑”。

教师是一个神圣的职业。在学生成长的过程中，教师的影响是巨大的，教师的态度始终是学生十分关注的一点。对学生来说，教师怎样看他和怎样待他，直接影响着他的学习和生活。

一天上体育课，我看见小文一个人静静地坐在教室里发呆，就走到他的座位前问他：“为什么不去和同学们一起玩呢？”他头也不抬，低声回答：“不想去。”“是不是不舒服？生病了吗？”我关切地询问着。

他的头更低了：“我……我……没事。”他的声音有些哽咽，说完就趴在桌子上不出声了。

我说：“没事你为什么不去上课？”

没想到我说完这句话他竟然哭了，任我怎么问他都不再说话。后来，经过了解，我知道了小文的爸爸常年在外地打工，孩子大部分时间和妈妈生活在一起，妈妈对他十分宠爱，处处呵护他，总怕他受委屈。而父亲对他的关心和教育比较少，父爱的缺乏造成了他性格上的缺陷。

针对他的情况，我请教了学校有经验的教师，制订了一个“帮扶”计划。首先，抓住一切机会亲近他，以关爱之心触动他的心弦。我常常找他谈心，告诉他要自立、自强，这样才能赢得别人的尊重。他好像听懂了，对我点点头。这学期的语文课本中讲述了许多英雄人物的故事，如黄继光舍身堵枪眼、刘伯承做手术不用麻药等，都给学生留下了深刻的印象。于是每次学完课文，我就利用课文的内容对他进行教育，黄继光的英勇顽强、刘伯承钢铁般的意志、列宁勇于战胜困难等的品质都是非常好的，希望他能学习他们身上的精神，体会男儿流血不流泪的气节。每次听完，他的眼睛里总是闪烁着泪光，对我说：“老师，我也要像他们一样坚强。”

在班会上，我总会讲一讲普通人物克服自身缺点变得快乐的真实事例，还让同学们讲一些自己是如何克服困难的，希望通过这些事例让他树立自信心。因为只有自信，才能自立、自强。我发现他总是特别认真地听老师讲故事、听同学们发言。每次开完班会后，我会把他叫到办公室，询问他有什么收获。开始时，他只和我说一两句话，慢慢地，他开始和我聊天了。他说他很敬佩那些自立、自强的人物，也表示要学习他们那种迎难而上的精神。在课堂上，只要他肯回答问题，我就会给予肯定与表扬，同学们向他投来赞赏的目光，也开始主动和他聊天了。我还组织几名同学帮助他，跟他一起玩、一起做作业，让他感受同学对他的信任，感受和同学相处的快乐！

我经常和他的父母联系，告诉家长他在学校的情况，同时也向他父母了解他在家的表现。只要发现他有不完成作业的情况，我就马上督促他认真完成作业。周末我还会抽时间去他家家访，和他的父母聊天，交流教育孩子的方法，并提醒他的父亲一定要尽量多抽时间陪孩子，在孩子的成长中父亲的作用是不可估量的；鼓励他的父母在家和他多聊天，多了解他的想法，以便及时发现问题、解决问题。在我的努力下，他的父亲一改往日的做法，和他的接触多了起来，只要休息，就会带着他出去玩，公园、游乐场都留下了他们父子快乐的足迹。

通过一个学期的教育，我发现小文有了很大的变化，他比以前开朗了，不再因为一点小事就哭鼻子了，班里的同学都愿意和他一起玩。更加令人惊喜的是，他每天的作业写得都是工工整整的，期末的成绩也有了很大的提高。他的转变让我感到欣慰，我的付出没有白费。

教育这样的学生，我主要从以下几方面着手。

第一，因材施教，循循善诱。教师是人类灵魂的工程师。作为现代教师，我们的教育方法不能千篇一律，而是要不断创新、与时俱进，这就要求教育思路要紧跟时代，使其符合每个学生的特点。每一个学生的情况都是不同的，我们必须深入了解每一位学生，对症下药。小文的闷闷不乐、成绩下降是由于性格上的缺陷，要想从根本上改变他，必须确定行之有效的对策，因材施教，正确引导。

第二，奉献爱心，增其自信。爱是教育好学生的前提，作为一名班主任，要搞好教育工作，首先要有一颗赤诚的爱心，用爱的甘露滋润学生的心田，用爱心点燃学生纯洁的灵魂。对于那些有缺点的学生，教师应给予他们更多的爱，经常鼓励、帮助、督促他们，使他们增强自信心。

第三，同学互助，友情感化。同学的帮助有时胜过老师的帮助。学生之间一旦建立起友谊的桥梁，他们就会无话不说。因此，我引导他与其他学生建立友谊，让他感受同学对他的信任，感受到同学是自己的益友，体会到和同学相处的快乐，让他在快乐中学习、生活，在学习、生活中感受到无穷的快乐！

第四，全面了解，用心关爱。要奉献爱心给学生，还得先对学生有一个全面的了解，要知道他们喜欢什么、不喜欢什么，他们的优点是什么、不足在哪里。只有对他们有了全面的了解，才能感化他们，才知道该用什么方法去教育他们。

教师的爱源于高尚的师德，意味着无私的奉献。泰戈尔说过：“花的事业是甜蜜的，果的事业是珍贵的，让我干叶的事业吧，因为叶总是谦逊地垂着她的绿荫。”教师的幸福中永远都有清香的花朵和丰硕的果实。

读懂学生的意外举动

几乎每个班上都有几个这样的学生：上课爱在下面说话，爱接老师的话，爱和邻座的同学搞小动作，或者上课趴在课桌上。也就是说，班上总有那么几个学生喜欢在课堂上制造问题。班主任为此做了大量的工作，可以说，该想的办法都想了，该用的招也都用上了，学生却依然没有改观。

对于课堂上出现的这些小动作，难道学生不知道这是违反课堂纪律吗？难道他们不知道这些是课堂上不允许做的吗？你要是问他们，他们都会说：知道！都知道！可明明知道这样做不对，他们为什么还要这样做呢？

经过一段时间的思考，我明白了，在传统观念中，在许多家长和教师的眼里，学生的思想、感情、欲望、要求、想法统统都是不重要的，重要的是他们的学习成绩、考试分数、年级排名等。而大多数学生也都习惯了把痛苦埋藏在心底，放弃了抗争。这些总是喜欢在课堂上制造点问题的学生实际上是在抗争，他们希望得到教师和家长的重视，因为他们太孤独了，于是，就会下意识地制造一些小问题。虽然他们给老师捣乱，但是他们心里还是喜欢老师的，只是不知道该如何表达，表达方式不对罢了。

开学第一天，作为班主任的我做了精心准备，决心要开好新学期的第一个班会。首先我和学生相互做了自我介绍，接着我谈了自己的希望，也对他们提出了要求，学生的士气高涨，都对未来的学习生活充满了期望。

“老师，还有一个同学没做自我介绍呢！”一个男生指着后排的另一个男生说。这时我才注意到，在这些可爱的面孔中有一个“不和谐音符”：

一个黑黑的男孩侧身坐着，把胳膊放在后一排的桌子上，眼睛里充满了不屑。“这位同学是想让我们在以后的日子慢慢了解他吧！”我用这样的一句话给了他一个台阶下。

下课后我把他叫到办公室，告诉他作为初中生的一些行为规范。他只是低着头却没有说话。我以为他知道该怎么做了，可是后来我发现，在课堂上他依旧那样坐着，依旧是那样的眼神。

与其家长沟通，我了解到他的一些情况：在小学的时候，父母对他的期望值很高，为了能达到预期目的让他反复转学，结果导致该生产生自卑又自负的心理，还经常顶撞老师和家长。其他学生也反映，他脾气暴躁、倔强。

我多次苦口婆心地找他谈话，但收效甚微。面对这样一个学生，当面谈心毫无效果，训斥更不可行，我该怎么办？

在一次东城区初任班主任培训班上，我专门向专家请教了这个问题，专家的回答让我豁然开朗、茅塞顿开：原来教育具有反复性。解决了认识问题之后，接下来我就知道怎么办了。

有一次，他又违反了课堂纪律，这次竟让我找到了与他交流的突破口。原来，不善表达的他喜欢用写的方式与人交流，上课爱给与他要好的几个同学传纸条。根据这一特点，我也利用小纸条和他交流。

我在小纸条上写下这样的话：“我们之间可能缺乏了解，不过通过短期的接触，老师知道你是一个重感情、聪明的孩子。你看你昨天的作业完成得多好，书写那么整齐，如果你上课能坐正了就更好了。”

过几天我又写道：“祝贺你，本周你已经有三节课没侧身坐了。你看，只要你努力，就可以做得更好！老师没看错你，加油！”

后来他在给我的小纸条中这样写道：“老师，相信我，我会改的，谢谢你，老师！”

就这样，小纸条成了我和他交流的平台。他把自己的快乐和烦恼通过小纸条告诉我，我也用小纸条同他分享快乐，帮他消除烦恼。

经过多次交流、反复沟通，渐渐地，同学们都说他变了，脾气好多了，也不骂人了，还能帮助同学。他的心灵之门被打开了，重拾了自信，又回到了集体中。

教育具有反复性，像他这样的学生需要我们更多的爱心和耐心投入，只有这样，才能让他们有充足养分茁壮成长。通过与他的沟通，我认识到，作为班主任，教育学生应动之以情，晓之以理，提高学生的信心，鼓起他们的勇气，用真心去温暖他们，用爱去感化他们，使他们告别自卑的昨天，坚定地走向美好的明天。

爱的教育是一个永恒的主题。班主任要用爱消除师生之间的隔阂，用信任填补师生之间的心理鸿沟，用期待激发学生的智慧和潜力，培养他们的自信心。

教师应该爱学生，而且这种爱应是无保留的。爱是人间最美的花朵，爱是心灵之弦，但仅有爱是不够的，一味地爱和一味地宽容可能会结出事与愿违的苦果。爱应与适当的教育结合起来，教育学生向好的方面发展，这才是教育追求的真谛。

教育事业是一曲爱心赞歌，是需要付出极大心血的。对学生的教育不可能一帆风顺，因为初中生的世界观、人生观尚未形成，就像没有被雕琢过的玉。教师是学生思想上重要的启蒙者，如果能用爱心去关心他们，用爱心去帮助他们，他们一定会成为名副其实的美玉。

现实生活中有许多学生与上述案例中的学生类似，他们大多头脑聪明、思维活跃、性格外向。但在他们成长的过程中，由于家长忙于工作或忙于生计，没有更多的时间陪他们，疏于管理和照顾他们，结果造成了他们情感的缺失。而面对喜欢的人或事，他们又找不到合适的表达方法，所以才有了这样或那样的一些意外举动。

我们做教师的，尤其是当班主任的，一定要善于读懂学生的意外举动，否则，处理不当，很容易伤害到他们稚嫩的心灵。

让师爱的阳光洒满每一个角落

学生在成长过程中会遇到各式各样的问题：身体成长带来的生理和心理的困惑，学业竞争带来的压力，来自社会的干扰和交往的烦恼，还有对周围世界的不理解，以及随之而来的焦虑和不安，等等。所有这些不良情绪都具有潜在的破坏性，在一定条件下可能会造成学生行为的失控。尤其是当前，学生的心理越来越脆弱。教师虽不是专业的心理工作者，但还是应该承担起维护学生心理健康的任务。

新学期的第二周，我收到了这样一张小纸条：

王老师：

您好！我很喜欢上您的思想品德课，但是我不敢举手，我怕我说不好，以后您能帮帮我吗？

学生：张颖（化名）

看到这张纸条后，我很惊讶。因为上了两周的课了，我看到纸条上这个名字，一时却想不起这位学生的模样。这让我不得不反思：我只关注了少数几个学优生和学困生，却把像张颖这样的中等生给忽略了。原来，我的温暖和爱心并非如自己所想的一样给了每一位学生，我的师爱观并没有真正地完全内化到自己平日的言行中去。

于是，我当即在纸条上写道：

张颖：

你好！咱们慢慢来，上课大胆举手发言，不要怕。老师永远是你坚强的后盾。

关心你的王老师

我要把握这样的原则：让师爱的阳光洒满每一个角落。在课堂上，教师用微笑面对每一名学生，用眼神传递对他们的关爱。在微笑与微笑的交流中，在眼神与眼神的交汇中，我看到了他们从心底流露出来的欢乐。渐渐地，学生们都喜欢上我的思想品德课。因为他们知道，他们中的每个人都是我关注的对象，他们中的每一个人都有我的爱在照耀着。

每一个人身上都有优点，像张颖这样的中等生也不例外。一次偶然的成功会提高一个人多少自信心是没法计算的，但绝对会影响一个人的自我认知。作为中等生，由于平时在意他们的人实在太少，表现的机会也少，使他们很难对自己有一个正确的认识，久而久之，也就失去了成为学优生的动力。我为中等生积极创造契机，让他们有参与班级活动和表现自己才干的机会，如在班级里经常组织多样化的、分层次的小型竞赛活动，让每个学生都能在活动中获得成功的体验；实行值日班长制度，设立“图书角主任”“板报编辑”“值日组长”和“路队长”等，让中等生也参与到班级管理中来，让他们在为班级、为同学的服务中表现自己、施展才华，让他们认识到自己的长处，在他人的赞赏和成功体验的推动下向学优生努力迈进。

这个案例给我的启示是，班主任要善于发现每一个学生的闪光点，让师爱的阳光洒满每一个角落。

懂得了这个道理，在今后的带班过程中，我要努力做到以下几点。

第一，把爱和关心投向每一个学生，让每一个学生都沐浴在教师爱的阳光下。拥有和享受教师的爱，是每一个学生的渴望，更是每一个中等生的渴望。教育实践表明，大多数中等生虽优点、缺点不明显，但他们身上还潜藏着许多积极因素，如要求进步、羡慕品学兼优的好学生、希望得到教师的重视和信赖、有表现自己的才能和智慧的欲望等。像我们班的这位张颖同学，不就希望得到教师的鼓励，希望自己有所进步吗？当学生有了这种需求时，班主任首先要做的就是主动地了解他们、关心他们，把师爱慷慨无私地给予每一个中等生，让他们在师爱中健康成长。

第二，让每一个学生都有成功的体验。心理学实验证明，一个人只要体验一次成功的快乐和胜利的滋味，便会激起追求成功的意念和力量。作为教师，如何帮助学生特别是中等生尝到学习的甜头，体验到成功的快乐，让他们都有兴趣学习，就显得尤为重要。所以，中等生在学习上哪怕只有一点闪光之处，教师都要及时捕捉，加以表扬、鼓励。因为我们的肯定可以为学生铺设成功的台阶，我们的赞许会让学生体验成功的喜悦。教学中，我们要多让学生参与活动，从学生的实际情况出发，因人而异设计教学，为他们创造各种体验成功的机会，并合理运用鼓励性评价，改变以往那种“用一把尺子去量所有学生”的做法，让每一个学生都在不同层次中体验成功。水本无华，相荡乃成涟漪；石本无火，对击始发灵光。作为教师，我们只要能真正秉承“一切为了学生，为了一切学生，为了学生的一切”的宗旨，关注中等生，关爱中等生，那么，他们就能真正成为班级中的中坚力量，素质教育也定会魅力无穷、大放异彩。

做学生心中的阳光与雨露，在自卑学生的心里催发自信的种子；做学生心中的阳光与雨露，为迷茫的学生点燃学习和生活的希望。

做学生心中的阳光与雨露，要求教师把特别的爱献给特别的他们。班主任的工作就是要让学生自卑的心灵自信起来，狭隘的心胸开阔起来，迷茫的眼睛明亮起来，干涸的心田滋润起来。

巧妙化解学生之间的冲突

学校是成长的基地，课堂是成长的沃土，做一名学生喜欢的好教师是我永远的追求。从学生中来，到学生中去，了解学生的现状，倾听学生的心声，解决学生成长中的问题，这样的生活我喜欢。

一天下午快下自习课的时候，一名学生急匆匆地跑到办公室，上气不接下气地对我说："老师，不好了，梁峰（化名）和刘强（化名）打起来了，您快去看看吧！"我心里一惊，怎么会呢？他俩平时关系很好，是好朋友啊，梁峰还是班长。问题出在了哪里呢？这群孩子真是一点也不让人省心。

我急忙往四楼赶去。刚上四楼，就听见我们班的教室里嚷成一片。我进去一看，学生有的坐着，有的站着，都伸长脖子往后看。梁峰和刘强你揪着我的领子，我拽着你的胳膊，脸都涨得通红，怒视着对方，旁边有几个同学拉着他俩。学生一看我进来，一下子安静下来，各归其位，但梁峰和刘强谁都没松手。我很生气，大声喝道："你们俩都放开手！"他俩看了看我，梁峰松开了手，刘强还是不松，我盯着刘强，一字一顿地说："把手放开！"他迟疑了一下，终于松开了手。"你们俩出来！"他俩跟着我走出了教室。

"怎么回事？"我问。两个人都抢着要说，我先让梁峰说，他说："刘强总是转过头和后面的同学说话，说他好几回他都不听，说的声音还越来越高。最后一回提醒他，他还骂人，骂得很难听，我就上前质问他，并推了他一下，用的劲比较大，他就说我打人，我俩就纠缠在一起了。"刘强辩驳说："好几个人都说话，凭什么就管我不管别人，还动手打人?"两个人情绪都非常激动，当着我的面互相指责起来，谁都不服气。

我决定冷处理，先把他们分开，让他们各自冷静冷静，等情绪稍微平静一下再说。接着，我到班里了解了一下情况，和梁峰说的基本一样。不过我觉得很多学生对梁峰的做法有看法，毕竟是他先动的手，学生比较同情刘强，所以淡化甚至忽略了刘强的错误，而认为班长做得不对，是欺负人。看来个别班干部平时的一些做法在学生中早已经引起了不满，今天终于让他们找到机会"借题发挥"了。

刘强是个比较敏感的孩子，性格倔强、固执，有时还有些偏激，自尊心很强。他容易曲解别人的好意，把家长和教师的批评理解为和他过不去，是故意找茬，瞧不起他，因此容易产生对立情绪，常会因为一些小事和同学闹矛盾，上课爱说话，平时爱夸耀自己。

该怎么评定班长梁峰的行为呢？我觉得非常为难，既不能否定他做得不对，又不能完全肯定他做得对。如果说班长做得不对，那就会给他和其他班干部造成心理伤害，从而挫伤他们工作的积极性；如果说他做得对，那就会给其他学生造成心理伤害，班长打了人（大部分学生认为是这样），班主任不批评他，还袒护他，学生会觉得班主任不讲道理，从而产生抵触心理，给以后的班级管理带来难度。

从这件事中能看出两个突出的问题：一是班干部和其他同学的关系不太融洽；二是班干部在班级管理中存在一些问题。班干部开展工作时不讲究方式方法，简单粗暴，不善于克制自己，也不排除个别班干部不以身作则，在学生中没有威信，滥用教师赋予的权力，引起同学们的不满，使自己在工作中处于被动，导致了班干部和其他同学的关系不太和谐。

针对这些情况，我决定从以下几方面采取措施。

我先召集班干部开会。首先，肯定梁峰发现有违反课堂纪律的现象时及时制止的行为是正确的，每一个班干部、每一个同学都应该这么做，而且有权利这么做，同时也赞扬班干部们为班级做出的贡献、付出的辛勤汗水。其次，强调班干部一定要以身作则，"其身正，不令而行；其身不正，虽令不从"，只有这样才能服人，才能在同学中、在班里树立起自己的威信，才能把班里的同学凝聚在自己周围。最后，告诫班干部一定要团结合作、相互信任，只有成为一个凝聚实力的领导核心，才能更好地开展工作。另外，我还告诉班干部，开展工作要讲究方式方法，遇事要冷静，多动脑筋，要用智慧取胜，不要意气用事，更不要用拳头解决问题。当时梁峰就主动承认了错误，表示以后再也不会犯同样的错误，他还希望其他班干部以他为戒，吸取教训，以合适的方法更好地开展工作。更出人意料的是，在后来的班会上他竟向全班同学承认了自己的错误，并向刘强真诚道歉，他的举动感动了全班同学，赢来了阵阵热烈的掌声。

对于刘强，我没当众批评他，而是单独找他谈话，第一句话就问他："什么是好朋友?"他说："好朋友应该讲义气，同甘共苦，互相帮助。"我说："既然是这样，当你的好朋友犯了错误，出现了问题，你是给他指出来让他改正，还是不闻不问，让他犯的错误、出现的问题越来越多，在错误的道路上越走越远呢?""当然是给他指出来，不能让他再犯错了。"他说。"那为什么在自习课上你违反课堂纪律时，梁峰管你，你不仅不听，反而出口伤人骂那么难听的话？他为什么先说你、管你呢?""因为我们是好朋友，他不希望好朋友犯错误，他希望我比别人做得好!""那你为什么理解不了他的用心呢？你违反课堂纪律在先，不仅认识不到错误，不服管教，还骂人，错上加错，你做得对吗?"他无言以对。我趁热打铁，对他进行说服教育，使他逐渐认识到了自己的错误。所以在后来的班会上，当梁峰向他道歉之后，他不仅也承认了自己的错误，还说道歉的应该是他，请求原谅的也应该是他，他不应该扰乱课堂秩序，并表示今后一定改正，请同学们监督他。当他们的友谊之手又握到了一起时，同学们又报以热烈的掌声，经久不息！

接着，我召开了一次主题班会。会上，我先强调班干部的作用，然后强调每个同学都是班级的主人，都是班级的管理者，一个班级良好的班风是靠每一个同学来维护的，"千人同心，则得千人力；万人异心，则无一人之用"，所以同学们应该互助友爱，相互尊重，共同进步，构建一个民主公平、团结有爱、充满活力、安定有序、人与人和谐共处的班集体。我还表示相信班里以后再也不会出现这种不和谐场面了。

巧妙化解学生之间的冲突，我主要把握以下三方面的原则。

首先，我对所有的学生都一视同仁、不偏不倚。我们所面对的学生是有差别的，但他们之间的差别并不在于谁优谁劣，而在于各有特点。每个学生都有着某一方面的优势，都存在着在未来有出色表现的可能，我们的责任是为每一个学生的发展树立信心，为每一个学生的成长奠定基础，而不应当也不可能对每一个学生能否成才做出定论。因此，一个好教师应当把期待的目光投向每一个学生，把成才的希望寄托在每一个学生的身上。

其次，态度上的平等不等于方法上的千篇一律，具体到每一个学生，我会在了解其个性、特长等个体差异之后因材施教。

最后，我在了解学生差异的同时也“勘探”每个学生的潜能，力图将其开掘出来以促进个体的成长。优秀个体的成长将形成班集体的骨干力量，并以中心辐射的方式最终带动整个班集体的成长。

智慧化解学生与家长之间的矛盾

孩子是每个家庭的希望，对教师来说每个孩子可能只是几十分之一，对家庭来说却是百分之百。因此，家长对教育的要求常常是不允许“出错”的，特别是在他的孩子身上。

家长中蕴藏着丰富的教育资源，教师要善于调动、挖掘，改变教师与家长的“对立”关系，而成为“伙伴”“战友”。

现代学校还担负着帮助家长树立正确的教育观念的任务，教师有向家长宣传科学的教育方法的义务。

现代教育要求教师必须与时俱进，不断改变自己的教学理念和教学方法，以适应社会、适应家长的需要。

一天，我收到小斌的谈心日记，上面写着：“老师，我认为妈妈是世界上最讨厌的人，我不喜欢她，恨她。真希望她不要在我面前出现。”这让我很震惊。据我了解，小斌的妈妈其实是一位非常和善的母亲，为什么小斌会讨厌她、恨她呢?

下课后，我找小斌谈了一次话。原来小斌的妈妈每天总是不停地叮嘱他：应该做作业了，应该吃饭了，应该睡觉了；不应该吃零食，不应该到外面去；应该干这，不应该干那……整天不停地重复这些话。昨天为了让小斌早点睡觉，妈妈催他睡觉就催了十几次。小斌对于妈妈的啰唆特别反感，她越唠叨，小斌就越不听。因此，小斌和妈妈的关系越来越差。

知道此事后，我及时和小斌的妈妈取得了联系，详细了解了小斌在家的表现和他们对孩子的教育方式。小斌所说的现象在他妈妈的身上确实存在，可她从来没有意识到自己的教育方法存在问题。我与她进行了交流，并建议她转变观念，改变家庭教育方式，尊重和理解孩子，满足孩子的独立欲望，不要强求孩子听话，也不要一味地溺爱娇惯，要多给予建议和希望。小斌的妈妈诚恳地接受了我的建议，表示一定改变自己的教育方法，还主动提出今后要与我多交流孩子的教育问题。

随后，我又找到了小斌，告诉他我已经找他的妈妈交谈过了。他不以为意地说："谈也没用。"我让小斌坐下，心平气和地说："孩子，我们首先要尊重自己的父母，理解父母的初衷。我知道，你们这个年龄的孩子独立意识在逐渐增强，思想也日渐成熟了，但正在成长中的你们毕竟还有很多方面要依赖父母的指导和帮助，你说对吗？"他听了我的话，点了点头。我见他愿意听我说，便继续讲道："所以，当父母给我们提出意见或建议后，首先要采取尊敬的态度，想想父母说得对不对。如果是正确的，一定要虚心接受；如果父母的意见不够正确，应心平气和地主动与父母讨论，最后决定自己怎么做。"

小斌听了我的话，低下头思考了一会儿，说："老师，其实很多事也怨我，我的自制力和自觉性不强，做事总是磨磨蹭蹭，不能很快地把事情做好，还不愿意听妈妈唠叨，不能虚心接受妈妈的意见。"我见小斌说得很诚恳，拍着他的肩膀说："你能很快认识到造成隔阂的主要原因在自己，很好。通过交流，你的妈妈也认识到对你的教育方法欠妥。我相信，有了你的主动改变，妈妈也会改变的，请你也相信我。"他使劲地点了点头，并表示今后一定努力改变自己的行为习惯，争取把事情做得更快、更好。

听了小斌的话，我感到很欣慰。我知道，我的引导和疏通帮助小斌解开了心结，重新架起了他与妈妈之间交流的心桥。

随着年龄的增长，学生的心理渐趋成熟，独立意识越来越强，他们急切地想摆脱对成人的依赖，但又因为他们的年龄还相对较小，再加上父母的特殊地位，使得他们不可能完全脱离父母的"控制"，于是父母和孩子经常会发生一些冲突。对于父母而言，他们总觉得孩子还小，发生冲突的原因是孩子不听话。而孩子对父母的干涉起初是反感，当他们意识到自己还无法摆脱父母的管束时，可能就会采取逃避的态度，对父母的要求不加理睬，我行我素。上述案例中的小斌就属于这种情况。那么，教师在遇到学生与父母发生冲突时该怎么办呢？

第一，教师首先要主动与家长取得联系，了解孩子在家中的表现和父母的教育方式。如果问题的根源在家长而不在学生身上，教师要劝说家长转变观念，改变家庭教育方式。

第二，教师要教育学生尊重自己的父母。在对待父母的教导和意见上，一定要让学生采取尊敬的态度，虚心地接受，客观地思考，然后和父母民主地讨论，最后决定自己的行动。

第三，教师要教育学生诚心接纳父母的意见。如果经过认真的分析，学生认识到造成隔阂的主要原因在自己，就应放弃自己的偏见，接受父母的意见，争取把事情办好。

第四，教师要鼓励学生主动与父母进行沟通。如果学生觉得口头交谈有困难，可以建议学生采取书信沟通的方式。相信父母在听了孩子的一番表白之后，也会对孩子“另眼看待”，改变自己的一些做法。

参考文献

[1] 张万祥．班主任工作创新艺术 100 招［M］．南京：江苏教育出版社，2002.

[2] 丁榕．班级管理科学与艺术：我的班主任情［M］．北京：人民教育出版社，2004.

[3] 王金战，隋永双．英才是怎样造就的［M］．重庆：重庆出版社，2006.

[4] 张万祥．优秀教师教育名言［M］．天津：天津教育出版社，2008.

[5] 韩玲，李德成．我的班级管理之道［M］．北京：华文出版社，2005.

[6] 王泉根．怎样学出好成绩：培养孩子学习好习惯 66 法［M］．北京：商务印书馆，2003.

[7] 马银春．用 100％的热情　做 1％的事情［M］．北京：中国商业出版社，2009.

[8] 方州．44 岁必读书［M］．北京：中国华侨出版社，2005.

后 记

记得有位名人曾这样说，工作造就人格，劳动的意义不仅在于追求业绩，更在于完善人的内心。当我们全身心投入到自己所热爱的工作中，投入到对细节和完美的追求中，幸福、充实和满足之感就会油然而生。

作为一名教师，在实际工作中不断超越自己，实现自己的价值，就是我的追求和幸福。

记得第一次开家长座谈会时，我感觉压力很大。因为我觉得自己还是一个孩子，要面对那么多和我父母年龄差不多的学生家长，要给众多学生家长开会，对我来说是一个难度不小的挑战。

既然要做，就要做好，我暗下决心。于是我从了解学生家长开始，对照学生名册，了解学生及其家长的基本情况，记住每位家长的姓名和所从事的工作，还给学生家长编了座号，让他们对号入座，这样既能以最快的速度认识学生家长，又能督促他们按照学校的整体安排开好家长座谈会。当我第一次面对学生家长就能准确地称呼他是哪位学生的父母时，他们给了我最真诚和友好的微笑，这就是对我最大的鼓励。

除了日常教学和班主任工作，学校还特意安排我上校级公开课和区级公开课。记得第一次上区级公开课，我忐忑不安。全区思想品德学科的教育精英们都要来，有各个学校的教研组长和备课组长，还有很多教学骨干。虽然事先已经做了大量的准备工作，但我还是非常紧张。教学副校长赵晖、教务主任张庆忠的“你一定没问题”给了我莫大的鼓励。在备课和教学设计方面，我的师傅王林琪老师和史琳老师为我把关，我的同事王晓丹老师帮我出谋划策，我查阅了大量的书籍，收集了许多资料。经过充分准备，我信心十足地走进了课堂，圆满完成了教学任务，获得了听课教师的一致好评。课后调研时，学生也反映这节课上得好。听到大家对我的肯定和认可，我觉得所有的辛苦和付出都是值得的，也更加坚信“世上无难事，只怕有心人”，只要用心，就一定能把工作做好。

进行课题研究是我最喜欢做的事情。入职前，我以为到中学当教师就是教课和管理学生，没想到学校还很重视课题研究。我感觉来到这样的学校当教师真是来对了。当然，对基层学校的教师来讲，做课题研究可能有一定的困难，因为我们平时有大量的教学工作要做，再进行课题研究就要抓时间、挤时间。但我们有自己的优势，即大量的来自教育教学第一线的真实的第一手材料，我们可以利用这些资料做小课题研究。这样，既可以节省时间出成果，还可以让这些成果直接为教育教学服务。我入职后第一次接触课题是赵晖副校长和王林琪老师带我去东城教育科学研究所参加“问题连续体的研究与实践”的课题研讨。课题研究是一项复杂繁重的工程，需要整个课题组成员通力合作才能完成。所以，对每一个课题，我们年级组和备课组成员都要在一起研讨，大家献计献策，充分发挥各自的优势，共同解决研究中遇到的问题。在课题研究中，我们每个人都毫无保留地付出。功夫不负有心人，我们承担的“问题连续体的研究与实践”的子课题研究顺利结题。课题研究不仅发挥了我们团队的智慧和能量，而且加深了我们科室成员间的情谊，也提升了我们学科团队的合作能力和研究能力。

媒体开放了，社会多元了，我们所教的学生与从前大不相同。作为一名教师，尤其是班主任，要把工作做好，需要有深厚的底蕴做支撑，这底蕴就是既有深度又有广度的知识储备。因此，我们不仅要学习本专业的知识，还要接受一些专业以外的知识来丰厚、启迪我们的思想。暑假期间，我有幸聆听了杨笑思教授的“家哲学与自由主义”讲座。讲座内容看似离我们的教育教学工作很远，但其中阐述的家哲学思想对我们的工作很有启迪。杨教授说：“家庭里最重要的是爱与责任。”其实我们的教育也是如此，班主任工作更是如此！爱是左手，责任是右手，我们要用爱与责任为学生撑起一片学习与发展的天空。

在实际工作中，我用心、精心的工作作风，让我品尝到了成功的幸福；在课题研究中，我主动参与、乐于分享的工作态度，让我感受到了友情陪伴的幸福；在业务学习中，我勤学、善思的工作习惯，让我体悟到了思想火花绽放的幸福。

老师们，朋友们，教育在改革，我们在路上。我深信，只要你用心投入其中，一定会和我一样收获幸福。每一个坚实的脚印都会记录下我们的幸福时刻，每一滴辛勤的汗水都会把我们的幸福之花滋养得更加美丽！

老师们，朋友们，让我们携起手来，过一种幸福完整的教育生活。在此我衷心地祝愿大家：幸福常伴左右，做一名享受幸福的教师、传递幸福的教师。

江苏凤凰教育出版社
《行知工程》系列丛书目录

系列	序号	书　　名	主编	定价
教师修炼系列	1	《与学生一起成长——90后教师的心路反思》	王　晗	30.00
	2	《教育，爱与宽容——教师心灵礼仪修炼》	许力争	30.00
教育家核心思想系列	3	《叶圣陶论写作》	叶圣陶 著 李怀源 选编	30.00
	4	《叶圣陶谈阅读》	叶圣陶 著 李怀源 选编	30.00
	5	《多元智能理论的本土化应用》	刘治富	30.00
	6	《大教育家最具施教力的教学思想》	白刚勋	30.00
教育求索系列	7	《欣说教育那“一亩三分地” ——一位一线教师的教育微思考》	王庆欣	30.00
	8	《爱的守望——一位一线教师对教育的坚守》	林卫红	30.00
	9	《思政教学的人文力量》	戴晓华	30.00
	10	《师道新说——给教育者的30条箴言》	徐　卫	30.00
学生心理解码系列	11	《在人生的春天播种——十四岁，写给青春的一封信》	白宏宽	30.00
	12	《孩子问题行为一点通 ——只有好老师才知道的学生心理谜底》	严育洪	30.00
创新教学探索系列	13	《玩出精彩作文——张化万活动作文教学经典策略》	张化万	35.00
	14	《〈红楼梦〉里的语文课》	李日芳	30.00
	15	《品世界名画，学精彩作文 ——特级教师的“名画”作文教学法》	李日芳	30.00
	16	《让学生把母语用精彩——“语用课堂”的探索与实践》	佘小红	30.00
	17	《“备”出课堂精彩——备学式教学的课堂实践与思考》	张旭兰	30.00
	18	《神奇的阅读教室——带学生踏上美妙的阅读之旅》	李祖文	30.00
	19	《打造有生命力的课堂 ——“两步八环节”教学模式探索与实践》	查联智	30.00
	20	《最能培养学生探究能力的课堂 ——小学科学与信息技术单元整体课程实施与评价》	李怀源	30.00
	21	《最能激发学生运动天赋的课堂 ——小学体育单元整体课程实施与评价》	李怀源	30.00
	22	《最能提升学生艺术素养的课堂 ——小学艺术单元整体课程实施与评价》	李怀源	30.00
	23	《“生命语文”探索——焕发语文生命力的思考与实践》	王自成	30.00

系列	序号	书　名	主编	定价
创新教学探索系列	24	《粘连作文教学：让习作成为有个性的自我建构》	黄瑞夷	30.00
	25	《备学式教学——在体验中建构数学思维》	单广红　范雪梅	30.00
	26	《向着自主进发——自主教育的创新实施智慧》	朱亚红	30.00
	27	《写中学——让学习更有效的学科写作教学》	钟传祎	30.00
	28	《小学科学实验总动员——大科学课堂有效提升学生创新力》	江美华	30.00
	29	《小学语文单元整体课程实施与评价》	李怀源	30.00
	30	《小学英语单元整体课程实施与评价》	李怀源	30.00
	31	《小学数学单元整体课程实施与评价》	李怀源	30.00
	32	《让教学更能激发智慧——“思维碰撞”课堂的建构与实施》	程和方	30.00
校本研修系列	33	《徜徉语文教研》	肖俊宇	35.00
	34	《校本研修资源的开发与利用》	陈朝林	30.00
	35	《校本研修与教师专业成长》	吴积军	30.00
	36	《卓越教师经典研修成长策略》	刘天宝等	30.00
	37	《特色校本课程开发范例解读》	刘永平　李秀伟　张雪梅	30.00
	38	《高效校本研修模型构建艺术》	刘素雁	30.00
	39	《走向实践的教研——中小学教育科研引领与应用》	江　敏	30.00
名校系列	40	《让每个孩子都成志——清华附小主题阅读课程的实施探索》	窦桂梅	30.00
	41	《让每个孩子都成志——清华附小主题实践课程的实施探索》	窦桂梅	35.00
	42	《向着朝阳走去——清华附小合作办学实践探索》	窦桂梅	30.00
精彩课堂系列	43	《给孩子更好的数学课堂》	易增加	30.00
	44	《小学生阅读素养的提升策略》	邵巧治	35.00
	45	《从语文素养走向生命成长——小学语文读写课堂教学密码》	曾海玲	30.00
	46	《真实的品德课》	朱淑秀	30.00
	47	《英语课堂学习共同体——新型的师生交互学习场》	杨延从	30.00
	48	《指导自主学习——初中数学学与教的研究与实践》	刘其武	30.00
	49	《玩出精彩的课堂——小学低年级教与学方式转变研究》	陶红松	30.00
	50	《让生命之花自主绽放——语文个性化教学建构策略》	商德远	30.00
	51	《让学生亲历知识——主体参与下体验式学习的实施策略》	何世祥	30.00
教育思想者系列	52	《高效教学的道与术——陶继新教育讲演录》	陶继新	30.00
	53	《名校之道——陶继新对话名校长（1）》	陶继新	30.00
	54	《教育，一切从孩子出发》	黄　俭	30.00

系列	序号	书　　名	主编	定价
教育管理力系列	55	《缔造唯美教育——延奎小学素质教育实施策略》	易增加	30.00
	56	《让普通学校崛起的20个细节——“生命为本”教育团队成长密码》	李其玉	30.00
	57	《“走”出教育的精彩：走动式学校管理文化构建》	罗　军	30.00
	58	《校长兵法：学校管理四十六计》	皮大鹏	30.00
班级文化系列	59	《活力班级的文化建设》	胡　珏	30.00
	60	《做幸福的班主任》	吕　丽	26.00
高效能教学系列	61	《高效能教师的10个好习惯（中学卷）》	张　瑾	30.00
	62	《让作文落地生根——提高写作实效的教学策略》	黄桂林	30.00
	63	《高效能作文教学5项修炼》	陈步华	30.00
	64	《高效能校长的10个好习惯》	张　勤	30.00
	65	《高效能教师的10个好习惯（小学卷）》	谢　英	30.00
	66	《高效能语文教学5项修炼》	王其华	30.00
新课程探索系列	67	《语文新课程的批判与重建》	葛桂斌	30.00
美国名师教学译丛	68	《美国名师游戏教学本土化应用：幼儿园》	（美）玛西娅 L. 泰特 著 胡珍　瞿菁　编译	30.00
	69	《美国名师游戏教学本土化应用：小学英语》	（美）玛西娅 L. 泰特 著 杨永华　张心影　编译	30.00
	70	《美国名师游戏教学本土化应用：小学数学》	（美）玛西娅 L. 泰特 著 谢艳红　编译	30.00
	71	《美国名师游戏教学本土化应用：小学科学》	（美）玛西娅 L. 泰特 著 刘丽萍　编译	30.00
	72	《美国名师游戏教学本土化应用：小学社会》	（美）玛西娅 L. 泰特 著 姜梅芳　编译	30.00
	73	《美国名师游戏教学本土化应用：小学音体美》	（美）玛西娅 L. 泰特 著 尹立志　编译	30.00
鲁派名师名校·教育探索者系列	74	《悦读立人——校园阅读文化体系构建策略》	杨世臣	30.00
	75	《教育智慧何处来——一位特级教师的思考手记》	付立金	30.00
	76	《和雅文化——校本课程的创新构建》	汤善香	30.00
	77	《让个性绽放精彩——学校课程体系整合与创生》	谢建伟　徐淑萍	30.00
	78	《让每个学生都幸福——最能润泽生命的学校文化建设》	谢建伟　张新喜	30.00
生态化校园系列	79	《文化管理——构建生态和谐校园的必由之路》	付全新	30.00
	80	《点燃学习的激情——构建校园生态化学习型组织》	杨树岳	30.00
	81	《课改突围——构建学校生态化教学体系》	杨树岳	30.00

系列	序号	书　　名	主编	定价
教育新思考系列	82	《语文教育向何处去》	王　丛	26.00
	83	《教育，就是做好普通的事》	孙志毅	27.00
	84	《走出语文的偏见——让学生体悟文本的原义》	丛智芳	30.00
	85	《让语文教学更高效——批注式阅读教学探索》	韩中凌	30.00
	86	《读写互促——探寻学以致用的语文教学》	曹　龙	30.00
	87	《跳出数学教数学——用文化融通数学教学》	马建秀	27.00
名师感悟系列	88	《让心灵伴着歌声成长——22 位音乐名师的教育智慧》	陈　璞	30.00
	89	《超越自我的教师——32 位名师的成长感悟》	李卫东　李秀伟	35.00
	90	《心灵的守护者——19 位名班主任的教育智慧》	王晓松　曲文弘	30.00
	91	《名师感悟班主任有效工作艺术 90 例》	符礼科	30.00
	92	《名师感悟有效教学 90 例》	林高明　徐玉烟	30.00
信息化教学系列	93	《巧用白板教语文——信息技术与语文教学操作指南》	蒋丽清	30.00
	94	《跨越式实现高效课堂 ——信息技术与课程整合高效教学方案评析》	陈　玲　刘　禹	30.00
教师必读系列	95	《教师必学的 16 堂修养课》	武宏伟	30.00
	96	《教师不可不知的教学心理效应》	叶勇军	30.00
	97	《班主任不可不知的管理效应》	奚一琴	30.00
	98	《教师不可不知的教育心理效应》	孙　媛	30.00
	99	《校长不可不知的管理效应》	谢申刚　张金豹	30.00
	100	《成为好教师的 7 项修炼》	王福强　李维华	30.00
	101	《如何让学生会学习》	龙　冰	30.00
	102	《如何让学生爱学习》	周震宇　许小燕	30.00
核心教学主张系列	103	《新生代语文名师核心教学主张》	许友兰	30.00
行思讲坛系列	104	《灵动而朴素地教语文——潘文彬的微格教育生活》	潘文彬	30.00
	105	《师爱无疆——润泽学生心灵的教育故事》	侯忠彦	30.00
	106	《怎样反思更有效 ——促进教师专业发展的反思策略》	诸贝贝	30.00
	107	《成为高度自觉的教育者——写给后课标时代的数学教师》	许卫兵	30.00
	108	《哲思数学课》	刘全祥	30.00
	109	《智慧数学课——黄爱华教学思维的实践策略》	黄爱华	30.00

系列	序号	书　　名	主编	定价
行思讲坛系列	110	《童趣数学课》	徐　芳	30.00
	111	《把学生教聪明》	严育洪	30.00
	112	《教师最应该规避的教育误区》	杨坤道	30.00
	113	《用语文的方式教语文——潘文彬教学主张与实践智慧》	潘文彬	30.00
	114	《怎样让阅读教学更有效——提升教学能力的十种读诵模式》	汪秀梅	28.00
	115	《让生命在润泽中起舞——当代小学生最需要的主题班会》	吴联星　罗　琳 冯卫东	30.00
	116	《让生命欢快拔节——当代中学生最需要的主题班会》	冯卫东　吴联星	30.00
	117	《课堂因生成而精彩——高效教学的生成智慧》	张文质	30.00
	118	《回到每一个人的生命化教育——张文质二甲中学教育行动录》	张文质	30.00
中国教育变革之路丛书	119	《百年树人师何为——教师队伍建设困顿与出路》	将丽珠　李玉向	30.00
	120	《入园何时不再难——学前教育困惑与抉择》	曾晓东 范　昕　周　慧	30.00
	121	《三尺书桌何处寻——流动人口子女教育困难与破解》	范先佐	30.00
	122	《苦旅何以得纾解——高考改革困境与突破》	郑若玲	30.00
	123	《择校纠结何时了——择校问题困局与治理》	曾晓东　周文海 曾娅琴	30.00
创新教学思想系列	124	《“大问题”教学的形与神》	黄爱华　张文质	30.00
校长领导力系列	125	《高品质学校生长要素》	王益民	30.00
	126	《校长高校教学领导力提升策略》	徐世贵　郭文哿	30.00
教育漫笔系列	127	《课堂，诗意地栖居》	吴书华	30.00
新思维系列	128	《教育中的“不一定”——打破教育的19种思维惯式》	严育洪	30.00
教学提升系列	129	《有思想地教阅读——让学生学会品读文字真意》	王学东	30.00
教育艺术提升系列	130	《藏在师生体态语言里的教学智慧》	张　宇　廖生波	30.00

系列	序号	书名	主编	定价
教学全手册系列	131	《小学习作教学全手册》	郭家海	30.00
	132	《中学写作教学全手册》	郭家海	30.00
	133	《情境教学操作全手册》	冯卫东	35.00
	134	《合作教学操作全手册》	李春华	35.00
	135	《探究教学操作全手册》	周新桂	35.00
	136	《自主教学操作全手册》	诸葛彪	35.00
	137	《创新教学操作全手册》	王　玮	35.00
	138	《班主任工作全手册》	刘沛华	35.00
	139	《新教师工作全手册》	周震宇	35.00
	140	《学生心理健康教育全手册》	刘海莉　刘春杰	35.00
	141	《高效教学操作全手册》	马友平	35.00
创新人才培养系列	142	《创新人才培养校园科普精品课程开发与指导——人大附中创新人才培养》	罗　滨	30.00
	143	《创新人才培养特色校本课程开发与创新人才培养——清华附中“国际安全下的科学技术”课程构建与实施》	王殿军　方　研　赵宏雁	30.00
	144	《创新人才培养：学校实验室建设与管理》	刘克文　杨发丽　杨　平	30.00
	145	《创新人才培养：数学探究活动开发与指导》	马云朋　韩继伟	30.00
	146	《创新人才培养：化学研究活动开发与指导》	王　磊	30.00
	147	《创新人才培养：物理探究活动开发与指导》	廖伯琴	30.00
	148	《创新人才培养：地理探究活动开发与指导》	张建珍　陈　澄	30.00
	149	《创新人才培养：生物探究活动开发与指导》	张迎春	30.00
	150	《创新人才培养：理念探索与思维突破》	王晶莹	30.00
新生代通派名师系列	151	《简约数学教学》	许卫兵	30.00
	152	《语文教学的本真——情意课堂展现母语之美》	吴建英	30.00
	153	《语文课堂的理想追求——欢快达成三维目标》	董一红	30.00
	154	《阅读教学的真髓——意象构建读出文学的真美》	祝　禧	30.00
	155	《美术教育的真谛——审美人生教育让生命绚丽成长》	陈铁梅	30.00
	156	《语文教学的理想境界——无痕教学润泽生命》	李　凤	30.00
	157	《儿童作文的本义——嬉乐作文让儿童乐并成长着》	王笑梅	30.00
	158	《名师是怎样炼成的》	王建明　王笑君	35.00
幼师成长系列	159	《幼儿行为背后——教师如何读懂幼儿的心思》	吴亚英	30.00
	160	《最具教育力的22种幼儿教育思想》	杨　达	30.00
	161	《幼儿教师必知的安全应急措施》	杨　达	30.00
	162	《幼儿教师必备的教育技能》	李　玲	30.00
	163	《卓越园长21条幼儿园管理策略》	周　丹　江东秋	30.00